petits plats japonais

petits plats japonais

marabout

Extrait de *Mes petits bento*
et de *Ma petite cuisine japonaise*
de Laure Kié, publiés pour
la première fois par Marabout.

Photographies de Patrice Hauser,
à l'exception de : © Shutterstock :
p. 2-3 : bonchan ; p. 4-5 : saddako ;
p. 6-7 : YullaKotina ; p. 42-43 : nakamasa ;
p. 90-91 : iofoto ; p. 108-109 : Smart-foto ;
p. 126-127 : Tamara Kullkova ;
p. 214-215 : kiboka ; p. 236-237 : Ben Bryant

Mise en pages : Les PAOistes
Relecture-correction : Véronique Dussidour
Suivi éditorial : Audrey Génin

Pour l'éditeur, le principe est d'utiliser des papiers
composés de fibres naturelles, renouvelables,
recyclables et fabriquées à partir de bois issus
de forêts qui adoptent un système d'aménagement
durable. En outre, l'éditeur attend de ses fournisseurs
de papier qu'ils s'inscrivent dans une démarche
de certification environnementale reconnue.

Édité par Hachette Livre,
43, quai de Grenelle, 75905 Paris Cedex 15.
Achevé d'imprimer en juillet 2014
par Orymu, Espagne.
ISBN : 978-2-501-08907-4
Dépôt légal : août 2013
41.3391.4/03

sommaire

introduction

particularités de la cuisine japonaise

l'importance de la cuisine au Japon

Il y a sans doute peu de cuisines au monde où la subtilité des goûts, la variété des aliments et l'esthétisme de la présentation se sont développés autant qu'au Japon. La cuisine y est un sujet d'une importance extrême. Il n'y a qu'à marcher dans la rue pour apercevoir l'attention que les Japonais y portent : la nourriture y est omniprésente. Comment choisir, préparer, présenter, déguster ? La cuisine japonaise détaille chacune de ces étapes en fonction des circonstances. Elle a développé sa cuisine comme un art véritable.

l'influence culturelle

Comme l'ensemble des arts japonais, les principes qui régissent la cuisine sont influencés par les principales philosophies issues du bouddhisme zen et des cultes shintoïstes. Elles prônent toutes deux un lien étroit et une harmonie avec la nature. Et si l'influence culturelle de la Chine est indéniable, de par son isolement total durant de nombreuses années, le Japon a élaboré ses propres particularités. Le sommet de cet art s'est développé à travers le style le plus raffiné, appelé le « Kaiseki Ryori », ou haute gastronomie japonaise. Mais au quotidien, la cuisine familiale et populaire est aussi d'une étonnante qualité et d'une grande richesse.

la richesse de la nature et le rythme des saisons

Mais l'incroyable diversité et le raffinement de la cuisine japonaise proviennent aussi de la variété qu'offre la nature au Japon. Montagne et mer se côtoient dans l'étroitesse de l'île principale de Honshu, alors que l'ensemble de l'archipel s'étend du nord au sud sur plus de trois mille kilomètres. Le climat, extrêmement varié, subit généralement des saisons très marquées. De cette nature pleine de vie, généreuse et parfois cruelle, les Japonais ont essayé de s'en protéger, de la réspecter mais aussi d'en profiter. Si chaque région a ses spécialités, il existe une véritable cohérence dans la cuisine japonaise car elle se décline d'abord en fonction des différentes périodes de l'année. La fraîcheur des aliments, en adéquation avec la saison, permet souvent de les déguster de la manière la plus naturelle possible afin de profiter de leur goût véritable.

un esthétisme recherché

Enfin, la présentation du plat revêt aussi une importance particulière, d'autant que l'utilisation des baguettes nécessite souvent une découpe préalable. Les ingrédients sont disposés d'une manière harmonieuse et, souvent, il est de coutume de servir de petites portions nécessitant une attention qui magnifie le goût. Au Japon, le plaisir des yeux est aussi important que le plaisir du palais.

les ustensiles

le couteau japonais

Si je ne devais choisir qu'un seul ustensile, ce serait le couteau japonais. C'est l'objet indispensable car tout dans la cuisine japonaise doit être découpé pour pouvoir ensuite être dégusté sans couteau, uniquement avec des baguettes.

Au Japon, la coutellerie est un véritable art traditionnel qui se transmet de génération en génération et il existe un couteau pour chaque usage : pour la préparation des sashimis avec une lame affûtée que d'un côté, pour couper les légumes, pour la découpe des viandes, etc.

la planche à découper

Qui dit couteau dit planche. C'est essentiel de découper sur une surface plane et dure.

le suribashi (mortier japonais)

Il a la particularité de posséder des stries à l'intérieur, ce qui permet, au contact du pilon en bois, de broyer facilement les ingrédients et d'opérer rapidement un mélange de saveurs.

l'égouttoir en bambou

Ce panier évasé a de multiples usages. Il permet de laver et d'égoutter les ingrédients mais il peut également s'utiliser comme plat de service pour des légumes cuits à la vapeur, des beignets, des nouilles froides…

la cuillère à riz

Je ne dirais pas que c'est un ustensile indispensable, mais c'est un objet tellement lié à la cuisine japonaise que j'ai maintenant du mal à m'en passer.

la natte à maki

Là, en revanche, c'est un outil plus qu'indispensable si l'on veut se lancer dans la réalisation des makis. Au Japon, elle sert également à égoutter certains ingrédients (on peut ainsi égoutter des épinards sans se brûler les mains). C'est très utile !

la râpe

Cette râpe japonaise est très pratique pour râper les légumes comme le daïkon (radis blanc japonais) ou encore le gingembre car elle permet d'obtenir une texture très fine, presque mousseuse. Mais on peut tout à fait utiliser à la place une râpe fine classique.

une paire de baguettes de cuisine

Très utile en cuisine... si on maîtrise l'utilisation des baguettes !

les ingrédients

Les indispensables ce sont les six ingrédients de base d'origine japonaise qui vous permettront de réaliser la plupart des recettes de ce livre. On peut les trouver très facilement, notamment dans les magasins d'alimentation biologique, d'autant que certains sont aujourd'hui produits en France.

sauce soja

C'est la touche qui nous transporte immédiatement dans les saveurs asiatiques. Elle est dans la cuisine japonaise ce qu'est le sel dans la cuisine française : vitale !

miso

Connue comme l'ingrédient phare de la soupe qui porte son nom, cette pâte fabriquée à base de soja, de riz ou d'orge est un ingrédient typiquement japonais qui rehausse le goût d'un grand nombre de plats. Utilisée en soupe, en marinade ou en sauce, elle apporte une note salée irremplaçable.

mirin (saké sucré)

Cet alcool doux, issu de la fermentation du riz, entre dans la composition de nombreux plats et n'est utilisé que pour la cuisine (et non comme boisson). Sa texture sirupeuse ajoute une douceur aux plats et donne également aux ingrédients une belle brillance très appétissante.

sésame (graines, huile ou pâte)

Son petit goût de noisette parfume délicieusement les plats. Les graines seront préalablement torréfiées à la poêle pour multiplier les saveurs, puis utilisées aussi bien dans les plats salés que sucrés ; l'huile peut servir en cuisson ou en assaisonnement dans une vinaigrette et la pâte servira à la réalisation de sauces onctueuses.

algues (kombu/nori/wakamé)

Les algues se dégustent fraîches ou séchées et sont indispensables dans la cuisine japonaise. Les trois algues que j'utilise le plus fréquemment sont : le kombu,

une algue séchée indispensable à la réalisation du bouillon dashi ; le nori pour les makis et les algues fraîches, wakamé ou laitue de mer, dans les salades ou soupes.

shiitaké

On les trouve frais ou séchés. Ce sont les shiitakés séchés qui sont utilisés à la réalisation du bouillon dashi, base de nombreuses préparations de ce livre.

qu'est-ce qu'un bento?

Le bento est une véritable coutume quotidienne au Japon. C'est une « boîte-repas » qui permet de déguster un repas complet et équilibré n'importe où, n'importe quand.

Voici les avantages qui sont autant de principes d'un bon bento :

- équilibré : un menu complet avec une alimentation variée et saine. On gère les quantités, généralement petites, de chaque portion.
- esthétique : des ingrédients bien présentés et séparés dans une boîte qui mettent les plats en valeur.
- pratique : un bon repas qui peut se déguster n'importe où grâce à une petite boîte transportable.
- économique : un repas préparé chez soi avec la possibilité de récupérer les restes de son réfrigérateur !

Quand vous aurez découvert les joies du bento, il est certain que, comme tous les Japonais, vous deviendrez rapidement adepte. Plus d'excuses après cela pour des pique-niques ratés, des sandwichs trop secs ou des fast-foods de mauvaise qualité !

bentos box

Ce sont des boîtes compartimentées qui, le plus souvent, se superposent. Et leur caractéristique principale est qu'ils peuvent s'emporter facilement. Il existe des bentos traditionnels en laque ou en bambou, mais également des bentos plus modernes et plus faciles d'entretien.

bentos recyclés

Vous vous demandez comment constituer votre propre bento ? Rien de plus facile. Voici quelques idées économiques pour que votre bento soit tout simplement unique :

- les boîtes en métal à sucre ou à thé
- les boîtes de chocolat ou autres biscuits
- les boîtes rondes de fromage (vacherin ou plusieurs boîtes de camembert pour pouvoir les superposer).

Vous pouvez ensuite les « customiser » en ajoutant, à l'intérieur, vos propres compartiments : Tupperware de petite taille ou moules en papier ou en silicone.

furoshiki

Le furoshiki est le tissu qui, traditionnellement au Japon, emballe artistiquement le bento. Vous pouvez utiliser toutes sortes de tissus pour remplacer le furoshiki : foulard, bandana, pochette en tissu, torchon de cuisine ou même du papier journal.

couverts

Au Japon, on déguste son bento avec des baguettes. Si vous ne maîtrisez pas encore l'art de manier les baguettes, contentez-vous d'emporter des couverts plus classiques : fourchette et cuillère devraient suffire car tout est prédécoupé pour éviter l'utilisation d'un couteau au moment de la dégustation.

accessoires pour bento

moules à riz

Le riz est l'élément central du bento et il peut se prêter à de nombreuses formes. Certaines formes peuvent être obtenues à la main (dans ce cas, assurez-vous d'avoir les mains mouillées pour éviter au riz de trop coller) mais pour varier les plaisirs et donner une dimension ludique à vos bentos, il est pratique de se procurer quelques moules à riz en forme d'étoiles, de carrés, de lapins, de cœurs…

emporte-pièces

Donnez une nouvelle allure à vos légumes, à vos omelettes, à vos cookies… Les ingrédients les plus communs (carottes, courgettes…) prennent ainsi des formes surprenantes et encore plus appétissantes (surtout pour vos enfants !). Les indispensables : un emporte-pièce en forme de fleur pour donner un air printanier à tous vos bentos et une cuillère parisienne pour semer des bulles de légumes colorés.

accessoires

Ils ont un côté autant décoratifs que pratiques :

- des piques pour picorer joyeusement dans les légumes ;
- des mini bouteilles pour assaisonner vos salades au dernier moment ;
- des moules en silicone ou en papier pour compartimenter un bento qui ne l'est pas.

Pour séparer vos plats dans le bento, vous pouvez également faire jouer votre créativité et utiliser une feuille de salade, un citron évidé ou encore une feuille de bambou de son jardin pour un contenu 100 % naturel.

condiments

Au Japon, on assaisonne le riz de « furikake », des condiments secs, le plus souvent des mélanges d'algues séchées et de sésame…

On peut ainsi relever les saveurs d'un bento tout en lui donnant une belle touche colorée en ajoutant une pincée de paillettes d'algue, de gomashio (voir recette page 38), de piment d'Espelette ou d'autres graines ou fruits secs.

glossaire

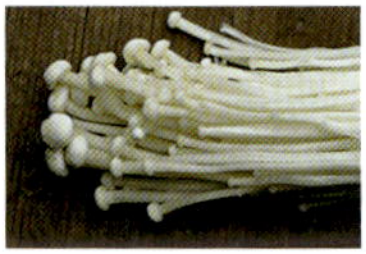

Agar-agar (gélifiant végétal)
Ce produit naturel provenant d'une algue rouge a des propriétés épaississantes qui remplacent la gélatine d'origine animale. Elle est de plus en plus répandue chez nous car elle a l'avantage d'être très faible en calories. Elle est vendue dans les magasins bio. Utiliser 1 g (½ cuillère à café) pour 50 cl de liquide. Pour développer ses propriétés épaississantes, faire bouillir dans le liquide environ 1 minute avant de faire refroidir.

Algues (2)
Indispensables dans la cuisine japonaise, les algues sont utilisées de différentes façons : en soupe, en salade, en pâte, en condiment pour accompagner le riz, en paillettes, en feuilles pour les makis… Il y a une très grande variété d'algues que l'on peut maintenant trouver en France. Cultivées le plus souvent en Bretagne, on les retrouve fraîches, vendues en barquette, ou séchées en sachet dans les magasins bio.
Les variétés les plus connues sont le nori (indispensable à la réalisation des makis), le wakamé (l'inconditionnel des soupes miso), le kombu (à la base du bouillon japonais dashi), mais on trouve également d'autres espèces intéressantes : la laitue de mer, la dulse, les spaghettis de mer, etc. L'agar-agar est aussi une algue qui remplace la gélatine. Les algues ont un apport très recherché en protéines, en minéraux et en vitamines. Et, en plus, elles ont l'avantage d'être pauvres en calories !

Daïkon - radis japonais (3)
Ce grand radis blanc d'hiver est le légume le plus cultivé au Japon. Il peut être dégusté cru en salade, râpé et mélangé à une sauce, cuit dans des plats mijotés, grillé ou encore en condiment (après avoir été mariné). Il est riche en vitamine C et aide à la digestion des aliments gras. Pour le garder au réfrigérateur, emballez-le dans un papier, il se conservera à peu près 10 jours. Le daïkon peut être remplacé dans les recettes de ce livre par du radis noir ou du navet blanc nouveau.

Dashi (bouillon japonais)
On obtient le dashi à partir de plusieurs ingrédients : kombu (algue), bonite séchée et shiitaké séché étant les plus répandus. Il constitue la base de la fameuse soupe miso mais sert également à la préparation de très nombreux plats. C'est un incontournable de la cuisine japonaise mais, dans les recettes de ce livre, il peut être remplacé par un autre bouillon (poisson ou légumes selon les recettes). Vous trouverez la recette de base du dashi page 32 mais vous pouvez aussi le trouver en sachet prêt à l'emploi dans les magasins asiatiques.

Dulse - algue (5)
Cette algue, vendue séchée ou fraîche, est sans doute plus connue en Europe qu'au Japon. Son utilisation est très intéressante sous forme de paillettes car elle peut rehausser le goût d'un plat (et même remplacer le sel) tout en apportant nutriments et vitamines.

Enoki - champignon (6)
Ce sont des petits champignons blancs que l'on retrouve dans les fondues japonaises ou dans des plats sautés. Ils se présentent sous forme de botte et il faudra retirer toute la partie terreuse avant de les cuisiner. Ils peuvent être substitués par une autre sorte de champignon (champignon de Paris ou pleurote, par exemple).

Gingembre - rhizome (7)
Cette racine, qui s'utilise un peu comme l'ail, est très parfumée et légèrement piquante. Il se présente frais, mariné en fines tranches dans du vinaigre (c'est sous cette forme qu'il accompagne souvent les sushis) ou même en poudre. Si vous n'y avez jamais goûté, commencez sans attendre, c'est délicieux et de plus excellent pour la santé (des études ont démontré son pouvoir anticancereux).

Gomashio - condiment au sésame (8)
Mélange de graines de sésame grillées (« goma » en japonais) et de sel (« shio »), il sert de condiment à saupoudrer sur les aliments. On le trouve déjà préparé dans le commerce, mais si vous voulez le faire vous-même, voici la recette : mettre dans une poêle sur feu doux 1 verre de graines de sésame et 1 cuillère à soupe de sel. Faire dorer doucement le sésame, en remuant fréquemment, jusqu'à ce que les graines commencent à sauter. Mettre dans un mortier et écraser grossièrement les graines. Garder dans un bocal (pas plus d'un mois). Sous cette forme, les éléments nutritifs du sésame et du sel sont mieux absorbés.

Hijiki - algue (9)
Algue noire, généralement vendue séchée, qu'il faut réhydrater dans de l'eau avant toute utilisation (voir page 34). Elle est ensuite préparée, revenue ou mijotée. Elle garde après cuisson une consistance un peu ferme. Le hijiki contient beaucoup de calcium et de fibres et a une forte teneur en magnésium et en fer.

Huile de sésame
Très fortement parfumée, cette huile sert principalement à l'assaisonnement des salades mais est également très utilisée dans certains pays d'Asie pour faire sauter les légumes. Dès qu'elle est chauffée, elle exhale un parfum de noisette qui nous plonge immédiatement dans les saveurs orientales.

Kaki (17)
C'est un fruit d'automne très utilisé dans la cuisine japonaise de saison. Il pousse également dans le sud de la France, même si ceux que nous trouvons en vente sont souvent importés d'Espagne. Au Japon, on le déguste plutôt ferme alors qu'ici le fruit est souvent d'une consistance plus tendre.

Kombu - algue (21)
Cette algue séchée, associée au shiitaké séché ou à du poisson séché, est à la base de la composition du dashi (bouillon japonais). Elle se présente généralement en bande rigide. Cette algue, pouvant atteindre plusieurs mètres de hauteur, est cultivée chez nous dans les eaux froides de Bretagne et est vendue dans les magasins bio.

Katakuriko (fécule de pomme de terre)
Elle sert en général à épaissir les sauces. Elle doit être diluée dans un liquide avant d'être incorporée à une préparation pour éviter de former des grumeaux. À défaut, la remplacer par de la Maïzena (en revanche, augmentez légèrement les quantités de Maïzena par rapport aux quantités de katakuriko car cette dernière a un pouvoir épaississant plus fort).

Laitue de mer - algue (10)
Cette algue est la véritable salade des mers. Sa texture et son goût en font un ingrédient parfait pour remplacer la traditionnelle laitue dans vos salades. Elle s'achète en barquette au rayon frais des magasins bio et, contrairement à la salade, elle a l'avantage de très bien se conserver dans le réfrigérateur (2 mois environ).

Matcha (thé vert en poudre)
Le matcha est une poudre de thé vert utilisée pour la cérémonie du thé au Japon, une des expressions la plus aboutie de l'art japonais, principalement sous l'influence du zen, donc dans un esprit de pureté, de sobriété et d'harmonie. Son utilisation principale est sous forme de boisson mais on la trouve également de plus en plus dans les desserts (glace, gâteaux, biscuits…).

Mirin (alcool de riz)
Cet alcool de riz, très doux et sirupeux car sucré, rentre fréquemment dans la composition des plats japonais et est exclusivement utilisé en cuisine et non comme boisson. Quelques gouttes de mirin rajoutées à des légumes, à du poisson ou à une viande mijotés donneront sa douceur au plat. Peut être remplacé par un mélange de saké et de sucre (environ 2 cuillères à soupe de saké et 1 cuillère à soupe de sucre pour remplacer 3 cuillères à soupe de mirin).

Miso - pâte de céréales
Le miso est une pâte issue de la fermentation du soja, du riz ou de l'orge. Très riche en protéines (donc très utile pour les végétariens), il est notamment connu à travers la fameuse soupe miso qui accompagne tous les repas traditionnels au Japon. Mais le miso a bien d'autres utilisations dans la cuisine japonaise. Il vous fera découvrir de nouvelles saveurs dans une vinaigrette, une sauce ou en marinade. On trouve plusieurs sortes de miso (souvent selon la céréale dont il est issu). Le miso blanc, pour son goût plus sucré, sera plutôt utilisé en marinade ou dans certaines sauces, alors que le miso brun ou rouge (les plus répandus) au goût plus prononcé se marieront mieux dans une vinaigrette ou une soupe. Le miso se garde plusieurs mois au frais dans un bocal.

Nori - algue (16)
Sans doute la plus connue des algues car elle accompagne bien souvent les sushis roulés (les makis). Très présente dans la cuisine japonaise, elle est connue pour sa forte teneur en protéines (48 % du poids de l'algue sèche). On la trouve le plus souvent sous forme de feuille séchée. Elle est également vendue séchée en paillettes ou fraîche dans les magasins d'alimentation bio. Les feuilles de nori se conservent très bien au congélateur (elle ne congèlera pas mais sera protégée de l'humidité et gardera ainsi son croustillant).

Pâte de sésame - tahini (15)
Réalisée à base de sésame grillé puis broyé, la pâte de sésame rentre dans la composition des soupes, des sauces mais également des cakes ou des quiches. On la trouve très facilement dans tous les magasins bio.

Ponzu (sauce)
Sauce à base de soja et de jus de citrons japonais (yuzu, sudachi). Elle s'achète toute prête dans les épiceries japonaises mais on peut facilement la préparer en mélangeant 1 mesure de sauce soja et 2mesures de jus de yuzu. On peut remplacer les citrons japonais par un mélange de citron vert et jaune ou par un autre agrume (pomelo, mandarine…).

Riz japonais (18)
En japonais, le mot « riz » (gohan) veut également dire repas,)d'où l'importance de cette céréale dans la cuisine japonaise.)Le riz japonais (Japonica) est un riz à grain rond avec beaucoup d'amidon qui donne son aspect un peu collant. Pour le remplacer, j'utilise fréquemment le riz rond blanc de Camargue vendu)dans les magasins bio.

Saké
Le saké est un alcool de riz utilisé comme boisson (il se déguste chaud ou froid) et comme ingrédient culinaire. Le saké japonais a généralement un taux d'alcool de 16 ° alors qu'on connaît mieux le saké chinois qui est beaucoup plus fort (aux alentours de 40 °).

Sauce soja (shoyuen japonais)
Cette sauce fabriquée à base de graines de soja, de blé, d'eau et de sel est très répandue dans la cuisine asiatique et se trouve maintenant très facilement dans de nombreux commerces. Tant mieux car elle est essentielle dans la cuisine japonaise et peut difficilement se substituer)tant elle apporte une saveur particulière. Très salée, les quantités)sont à accommoder selon ses goûts.

Sésame
On trouvera dans ce livre nombre de recettes avec du sésame sous forme de graines (que l'on fera griller à sec dans une poêle pour développer une douce saveur de noisette), de pâte (ou tahini), ou d'huile… Le sésame est riche en phosphore et en magnésium. Le sésame s'utilise autant dans les plats salés qu'en dessert. Il se déguste même en glace au Japon. Il existe principalement deux types de sésames : le sésame blond et le sésame noir.

Shiitaké - champignon lentin du chêne (19)
Très parfumé, le shiitaké est un vrai délice et a de plus de très nombreuses vertus thérapeutiques. À découvrir d'urgence ! Il s'utilise séché dans les bouillons (voir préparation du dashi) ou dans les plats mijotés mais également frais après une cuisson rapide (grillé ou revenu). Il est aujourd'hui cultivé en France sur du bois de chêne.

Shimeji - champignon (20)
Ce sont de petits champignons originaires d'Asie qui se mangent uniquement cuits. Ils prennent alors un léger goût de noisette.

Shiso - feuille de périlla (22)
Cette herbe de la famille de la menthe est très parfumée et idéale en salade, en soupe ou en accompagnement des sashimis (tranches de poisson cru). Riche en vitamines A et C, elle contient également du calcium et stimule l'appétit. On la trouve dans les épiceries asiatiques sous son nom vietnamien « tito » car elle est également très répandue dans la cuisine vietnamienne. À défaut, remplacez-la par un mélange de menthe et de basilic. Le goût sera bien sûr différent mais la recette n'en sera pas moins réussie !

Soba - nouille au sarrasin (23)
Alors qu'en France on connaît le sarrasin principalement pour les galettes bretonnes, au Japon, on utilise le sarrasin presque exclusivement pour ces pâtes.

Somen - nouille (24)
Nouilles de blé très fines, dégustées généralement froides en été. Leur temps de cuisson est très rapide et elles doivent être rincées à l'eau froide une fois cuites pour stopper la cuisson et éviter qu'elles ne collent. On les trouve dans les épiceries asiatiques mais on peut également les remplacer par des spaghettis très fins.

Thé vert (11)
Le thé est la boisson la plus consommée au monde après l'eau. Au Japon, on ne produit que du thé vert. Ce type de thé, très peu oxydé, est reconnu pour ses nombreuses propriétés thérapeutiques. On trouve plusieurs variétés de thé vert : le plus courant est le sencha sous forme de feuilles à infuser mais, dans ce livre et dans la cuisine en général, on utilise plutôt le matcha qui est la poudre de thé vert.

Tofu (pâte de soja) (4)
Encore mal connu en France et souvent catalogué comme produit sans goût, ce « fromage de soja » est très présent dans toutes les cuisines asiatiques. C'est du lait de soja caillé par des sels minéraux. L'intérêt du tofu est avant tout ses nombreuses qualités nutritionnelles qui en font un aliment essentiel pour les végétariens. L'autre aspect intéressant est justement que c'est un ingrédient neutre. Il faut voir le tofu comme un aliment absolument malléable qui prend le goût qu'on lui donne. Ainsi, il s'efface pour mettre en avant les saveurs qu'on lui rajoute. Il en existe de nombreuses variétés. On ne citera ici que le tofu soyeux que l'on peut consommer tel quel ou mixé pour donner une texture onctueuse aux soupes, sauces, boissons, etc. Et le tofu ferme, plus riche en protéines, qui est plus adapté pour être sauté au wok ou mijoté. Une fois ouvert, le tofu devra être conservé dans un récipient hermétique et être recouvert d'eau. Il se gardera ainsi à peu près 4-5 jours en changeant son eau quotidiennement. On le trouve dans tous les magasins bio et même dans les rayons diététiques des grandes surfaces. S'il n'est mentionné que le nom « tofu » sur le paquet, il s'agit du tofu ferme. Le tofu étant issu du soja, je vous recommande de le prendre biologique ou au moins sans OGM !

Udon - nouille (12)
Pâte à base de blé qui se déguste le plus souvent dans des soupes, mais on peut également l'utiliser dans un plat de nouilles sautées. Pour rentrer dans l'univers des pâtes udon, je vous conseille le film du même nom !

Uméboshi - prune salée (14)
C'est un condiment salé et assez acide, préparé avec des prunes japonaises marinées avec des feuilles de shiso rouge qui leur donnent leur belle coloration. Au Japon, le uméboshi est présent dans de nombreux repas en accompagnement du riz. Il a comme propriété d'aider à la digestion. On trouve les uméboshis entiers ou sous forme de pâte dans les magasins bio.

Umésu (assaisonnement du uméboshi)
Produit à partir du uméboshi (prune salée), ce vinaigre donne un goût à la fois salé et acide aux assaisonnements (salades, sauces).

Vinaigre de riz
Assaisonnement obtenu par la fermentation du riz, le vinaigre de riz, au goût très doux, s'utilise dans les assaisonnements de salade, dans les condiments et, bien sûr, dans le riz vinaigré des sushis.

Wakamé - algue (13)
Le wakamé donne au plat une saveur iodée et salée. On le retrouve très fréquemment dans la cuisine japonaise dans les soupes et les salades mais il est également excellent dans les tapenades, les plats mijotés ou sautés et il apportera une touche d'originalité dans vos sandwichs ! De plus, il est très riche en calcium (10 fois plus que le lait). Le wakamé est vendu séché (auquel cas il faudra le tremper 10 à 15 minutes dans de l'eau avant utilisation) ou frais en barquette (cultivé en Bretagne) dans les magasins bio.

Wasabi (raifort japonais)
Cette racine, proche du raifort, est cultivée dans les régions montagneuses où l'eau est très pure. Le wasabi est bien connu pour accompagner sushis et sashimis, et s'associe bien à la sauce soja. Son goût piquant (on l'appelle moutarde japonaise) mais très parfumé le rend intéressant dans nombre de plats. Bien sûr, il accompagne parfaitement les poissons et crustacés mais il peut également relever une vinaigrette ou une sauce, se marier aux légumes ou remplacer la moutarde dans les sandwichs ! La racine fraîche est râpée pour obtenir une pâte verte mais en France, on ne la trouve que sous forme de pâte (en tube) ou en poudre (auquel cas il faudra la mélanger dans un peu d'eau pour retrouver une consistance de pâte).

Yuzu (citron japonais)
De la famille des citrons (proche du citron cédrat), il contient assez peu de jus, mais une petite quantité suffit à donner un parfum exceptionnel à vos plats. C'est avant tout son zeste qui est utilisé dans la cuisine japonaise. Il donne une saveur acidulée très douce et très parfumée à vos salades et une touche raffinée à vos soupes claires. L'association avec le soja est magique pour le palais ! En France, on trouvera uniquement son jus vendu en bouteille dans les épiceries japonaises. Comme il n'est pas évident de s'en procurer, je le remplace très souvent par un mélange de citron vert et de citron jaune.

cuisson du riz à la japonaise

Pour **4 personnes**
Préparation **3 minutes**
Cuisson **15 minutes**
Repos **10 minutes**

450 g (ou 3 verres) de **riz rond blanc** (prendre du riz japonais ou du riz rond blanc de Camargue)
60 cl (ou 3 verres) d'**eau**

Pour préparer le riz japonais, il est impératif de bien le rincer et de l'égoutter avant la cuisson. Toutes les familles japonaises possèdent des autocuiseurs de plus en plus sophistiqués, ce qui fait que le riz devient inratable. Mais la cuisson à la casserole décrite dans cette page permettra néanmoins d'obtenir une bonne consistance avec un riz collant mais légèrement ferme sous la dent. Si possible, laisser le riz 30 minutes dans son eau de cuisson avant de la démarrer. Cela permet aux grains de s'humidifier et le riz n'en sera que meilleur.

Rincer le riz jusqu'à ce que l'eau soit limpide.

Mettre dans une casserole avec l'eau, couvrir hermétiquement, porter à ébullition puis baisser le feu au minimum. Laisser cuire 15 minutes. Tout en laissant couvert, retirer du feu et laisser reposer encore 10 minutes environ.

riz vinaigré pour sushis

Pour **4 personnes**
Préparation **8 minutes**
Cuisson **15 minutes**
Repos **10 minutes**

450 g (environ 3 verres) de **riz rond blanc**
60 cl (ou 3 verres) d'**eau**
3 c. à s. de **sucre**
5 c. à s. de **vinaigre de riz**
1 c. à c. de **sel**

Dans une petite casserole, faire fondre à feu doux le sucre et le sel dans le vinaigre (le mélange ne doit pas bouillir). Étaler le riz cuit (voir recette page 24) dans un grand récipient. Ajouter le vinaigre, puis mélanger délicatement pour ne pas écraser le riz, tout en le refroidissant avec un éventail, si possible. Le riz aura ainsi obtenu un bel aspect brillant. S'il n'est pas servi tout de suite, laisser reposer sous un torchon jusqu'au moment de servir pour éviter au riz de se dessécher.

Note : l'ajout de cette base vinaigrée au riz est une étape indispensable pour la réalisation des sushis. Si vous n'avez pas de vinaigre de riz, vous pouvez très bien le remplacer par du vinaigre balsamique ou de framboise. Cela donnera une belle coloration à votre riz et parfumera délicieusement vos sushis (voir recette ci-dessous).

variation méditerranéenne au vinaigre balsamique

450 g (environ 3 verres) de **riz rond blanc**
60 cl (ou 3 verres) d'**eau**
2 c. à s. de **sucre**
5 c. à s. de **vinaigre balsamique**
1 c. à c. de **sel**

Suivre les mêmes étapes de préparation.

préparation des makis

1 Poser une feuille de nori, face brillante et lisse du côté de la natte à sushi. Étaler une couche de riz sur la moitié de la surface du nori.

2 Mettre tous les ingrédients en bande sur le riz.

3 Tout en maintenant les ingrédients sur le riz avec les doigts, soulever la natte.

4 Recouvrir le riz de tous les ingrédients présents.

5 Presser la natte avec les mains à mi-hauteur de la feuille de nori afin de former un cylindre avec le riz.

6 Tout en tirant la natte d'une main, presser au fur et à mesure le cylindre pour que la feuille de nori adhère bien.

7 Finir par bien presser sur toute la longueur, mais sans écraser le maki, à l'aide de la natte.

8 Retirer le rouleau de la natte.

9 Après avoir trempé le couteau dans l'eau pour éviter qu'il ne colle, couper le rouleau en 6 parts.

10 Dresser les 6 makis pour les présenter à la verticale. C'est prêt !

crêpes d'œuf

Pour **4 crêpes**
Préparation **10 minutes**
Cuisson **8 minutes**

2 **œufs**
1 pincée de **sel**
½ c. à s. de **mirin**

1 Battre les œufs dans un bol. Ajouter le mirin et le sel. Dans une poêle huilée, sur feu doux, verser un peu d'œuf battu afin de réaliser une crêpe fine.

2 Laisser cuire 1 à 2 minutes, la retourner pour saisir l'autre côté très rapidement : quelques secondes suffiront.

3 La retirer de la poêle et recommencer l'opération jusqu'à épuisement des œufs.

4 Selon la recette, on découpera ou non les crêpes. Pour faire des lamelles, par exemple, superposer les crêpes, les couper en 2 parts, superposer ces 2 parts, puis couper en fines lanières.

bouillon dashi

Pour **1 litre** de bouillon dashi
Préparation **2 minutes**
Repos **2 heures**
Cuisson **3 minutes**

1 litre d'**eau**
5 cm de **kombu séché**
1 **shiitaké séché**

Ce bouillon est la base de nombreux plats japonais. Il est fréquemment préparé à base de poisson (bonite séchée) mais, pour ma part, je préfère la version végétarienne au champignon parfumé shiitaké et à l'algue kombu. Et, en plus, ces deux ingrédients sont maintenant produits en France.

Mettre tous les ingrédients dans une casserole et laisser reposer à température ambiante pendant au moins 2 heures. Mettre la casserole à chauffer sur feu doux. Éteindre le feu juste avant l'ébullition et laisser encore reposer le temps de refroidir. Filtrer.

Conseils : l'idéal est de laisser le kombu et le shiitaké parfumer l'eau toute une nuit pour obtenir un maximum de saveur. Dans ce cas, il n'est pas utile de la faire chauffer, il suffit de retirer le kombu et le shiitaké pour que le bouillon soit prêt à l'emploi. Le kombu et le shiitaké qui ont mariné dans le bouillon peuvent être réutilisés car ils gardent encore beaucoup de saveur : on peut les émincer et les faire sauter à l'huile d'olive ou, encore, les laisser mijoter dans le bouillon et accommoder ainsi un plat ou une soupe.

préparation des algues

les algues fraîches

1 Les algues fraîches sont conservées dans du gros sel (elles se conservent ainsi 4 à 5 mois). Les rincer sous plusieurs eaux afin d'éliminer tout le sable et d'enlever le gros sel.

2 Laisser tremper 10 à 20 minutes dans un grand bol d'eau pour éviter qu'elles ne soient trop salées. Plus les algues sont épaisses, plus il est préférable de les laisser tremper longtemps.

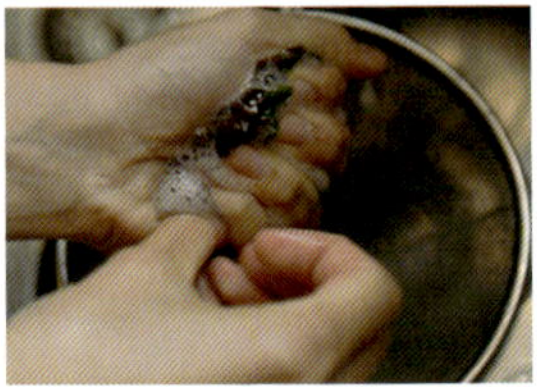

3 Pour bien enlever l'eau, presser les algues dans votre main.

les algues séchées

1 Les algues séchées, comme ici les hijikis, doivent être réhydratées (hormis les paillettes ou les feuilles de nori, qui se mangent telles quelles).

2 Tremper les algues dans trois fois leur volume d'eau 10 à 15 minutes. Ainsi, elles tripleront de volume.

3 Laisser égoutter quelques minutes. Pour les algues plus fines, comme le wakamé, il est préférable d'enlever l'excès d'eau avec la main.

réaliser des lamelles de nori

1 Il suffit souvent d'une feuille de nori pour changer le goût d'un plat. Pour cela, prendre la feuille de nori, la plier en deux.

2 Puis la plier de nouveau en deux pour obtenir 4 carrés.

3 Couper de fines lamelles à l'aide de ciseaux. Elles peuvent se préparer à l'avance et se congeler dans un plastique hermétiquement fermé.

4 Si on les garde au congélateur, lors de l'utilisation il est inutile de prévoir un temps de décongélation car, dépourvues d'eau, elles ne se transforment pas et la congélation permet de garder leur croquant.

préparation du tofu

tofu soyeux

1 Sortir le tofu de sa barquette et de son eau de trempage. L'envelopper dans 2 ou 3 épaisseurs de papier absorbant.

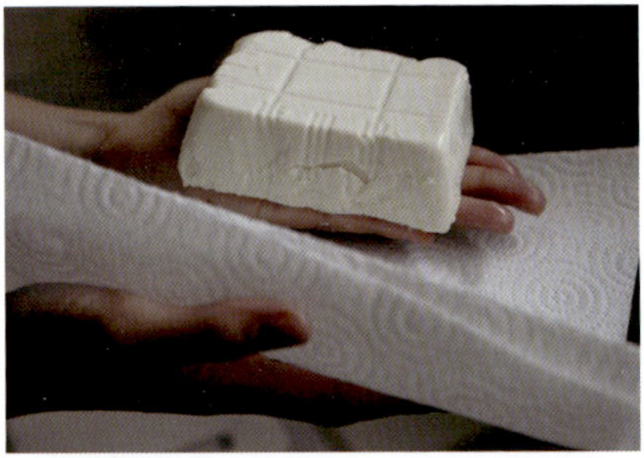

2 Le poser sur une planche et recouvrir d'une seconde planche.

3 Poser un poids en trouvant l'équilibre et laisser le tofu s'égoutter pendant 20 à 30 minutes. Le tofu devrait ainsi perdre une grande partie de son eau.

tofu ferme

1 Sortir le tofu de sa barquette et de son eau de trempage et laisser s'égoutter quelques minutes dans une passoire.

2 Découper ensuite directement le tofu pour obtenir la forme désirée.

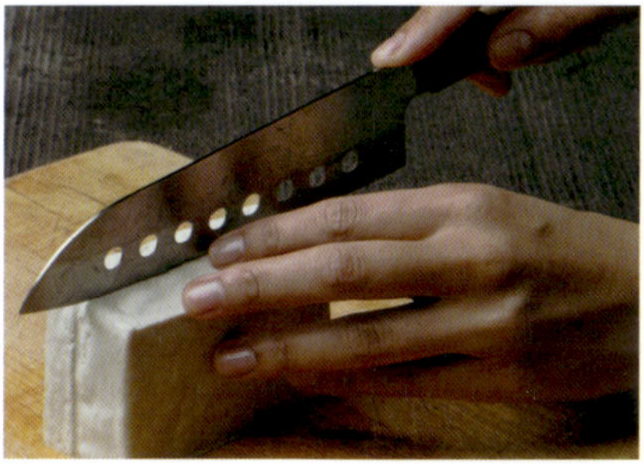

pickles (légumes marinés)

Couper en fines lamelles navets, carottes, concombre, radis… Mettre dans une passoire avec du sel et laisser dégorger environ 10 minutes. Égoutter et mettre dans un bocal avec un peu de vinaigre (de riz, de cidre, de framboise…). Attendre au moins 24 heures avant de déguster. Ces pickles se conservent environ 10 jours au réfrigérateur.

gomashio

Faire dorer dans une poêle sur feu moyen 100 g de graines de sésame et 1 cuillère à soupe de sel en remuant de temps en temps jusqu'à ce que les graines commencent à sauter. Écraser ensuite au mortier ou passer au mixeur. Ce condiment se conserve quelques mois dans un bocal.

vinaigrette solide

Pour **12 assaisonnements**

2 c. à s. d'**eau**
½ c. à c. d'**agar-agar** (gélifiant à base d'algue)
4 c. à s. de **vinaigre** (balsamique, de vin, de framboise, de riz)
4 c. à s. d'**huile** (olive, sésame, colza)
4 c. à s. de **sauce soja**

Porter l'eau à ébullition, ajouter l'agar-agar et bien remuer pendant 30 secondes. Retirer du feu. Ajouter le vinaigre, l'huile et la sauce soja. Verser dans des moules à glaçons. Mettre au réfrigérateur pour solidifier les vinaigrettes.

Ces vinaigrettes se conservent dans un récipient hermétique environ deux semaines.

Note : ces vinaigrettes accompagnent astucieusement vos bentos pour éviter d'avoir une fuite d'huile au moment de déballer votre déjeuner !

AGAR-AGAR
AGAR-AGAR

entrées

les petites bouchées nippones 1

Pour **6 assiettes** - Préparation **30 minutes** - Cuisson **10 minutes**

épinards sauce sésame

Former des quenelles d'épinards cuits (60 g). Mélanger 1 cuillère à soupe de pâte de sésame et 1 cuillère à soupe de sauce soja. Verser sur les épinards. Saupoudrer 1 cuillère à café de graines de sésame.

sashimi de Saint-Jacques

Couper 6 noix de Saint-Jacques en deux dans l'épaisseur. Arroser du jus de ½ citron et laisser mariner 5 minutes. Disposer sur 6 feuilles de shiso, saupoudrer de zeste de citron et de fleur de sel.

daïkon

Mélanger 60 g de daïkon, épluché et râpé, 2 cuillères à soupe d'œufs de saumon, 1 cuillère à soupe d'huile d'olive, le jus de ½ citron vert, 4 brins de ciboulette ciselés, de la fleur de sel et du poivre du moulin.

maïs grillé

Couper 1 maïs grillé en trois dans la longueur, puis chaque morceau en deux. Verser 2 cuillères à soupe de sauce soja sur chaque morceau de maïs. Griller au barbecue ou sous le gril du four pendant environ 10 minutes. Badigeonner de beurre.

salade d'algues

Mélanger 40 g de wakamé frais (voir les algues fraîches page 34) 1 petite poignée d'alfalfa, 1 cuillère à soupe d'huile d'olive, 1 cuillère à soupe de vinaigre balsamique, 1 cuillère à soupe de sauce soja.

les petites bouchées nippones 2

Pour **6 assiettes** - Préparation **30 minutes** - Cuisson **15 minutes**

shiitakés grillés

Retirer le pied de 6 shiitakés, les arroser de 2 cuillères à soupe de sauce soja puis les passer 5 minutes sous le gril du four. Décorer de 1 cuillère à café de gingembre râpé.

omelette japonaise

Mélanger 2 œufs, 1 cuillère à soupe de mirin, 2 cuillères à soupe de sauce soja et 3 cuillères à soupe de bouillon dashi, puis suivre la préparation de la crêpe japonaise décrite page 30. Couper 6 tranches dans l'omelette, décorer de daïkon râpé (compter 3 cuillères à soupe).

râpé de rouge

Passer au mixeur ½ betterave crue, épluchée, 6 feuilles de shiso, 2 cuillères à soupe d'huile d'olive, le jus de ½ citron vert, de la fleur de sel et du poivre du moulin.

ravioles d'avocat

Mélanger 60 g de chair de crabe, 4 brins de ciboulette ciselés, 1 cuillère à soupe de sauce soja et le jus de ½ citron vert. Couper 1 avocat en fines lamelles. Déposer sur chaque lamelle d'avocat une cuillère de mélange de crabe.

bâtonnet tomate-mozza

Découper ½ feuille de nori en 6 bandes. Prendre 1 pique, faire passer le nori puis 1 tomate cerise, de nouveau le nori puis 1 boule de mozzarella (au lait de bufflonne), le nori, une dernière tomate cerise et terminer par le nori. Arroser d'un filet d'huile d'olive, saler. Réaliser ainsi 5 autres brochettes.

les petites bouchées nippones 3

Pour **4 assiettes**

tofu apéro

Chauffer le gril du four. Couper 180 g de tofu ferme en cubes. Recouvrir ¼ des cubes de tofu de graines de sésame noir, ¼ d'algue en paillettes, ¼ de piment d'Espelette et un dernier quart de thé vert. Les disposer sur la plaque du four. Assaisonner généreusement de sel et d'un filet d'huile d'olive. Passer sous le gril du four 3 à 4 minutes.

crevettes au guacamole de wasabi

Mixer la chair de 2 avocats, ½ échalote, 1 pointe de wasabi et le jus de 1 citron vert. Saler, poivrer. Ajouter 100 g de petites crevettes roses et mélanger délicatement avant de les répartir dans des demi-citrons évidés.

brick de shiitaké au gros sel et au persil

Couper 2 feuilles de brick en six. Couper 6 shiitakés en 4 lamelles. Ciseler 2 brins de persil. Sur chaque feuille de brick, répartir deux lamelles de shiitaké et le persil. Saler, poivrer et fermer les feuilles en les roulant en « cigare ». Badigeonner d'huile et cuire 10 minutes dans un four préchauffé à 190 °C.

mini brochettes de melon et jambon de Parme

les petites bouchées nippones 4

Pour **4 assiettes**

épinard ohitachi

Faire « fondre » 150 g d'épinards frais dans une poêle sans matières grasses pour qu'ils rendent leur eau. Égoutter. Laisser refroidir et presser avec les mains pour retirer toute leur eau. Mélanger 1 cuillère à soupe de pâte de sésame et 1 cuillère à soupe de sauce soja. Verser sur les épinards.

cabillaud au miso

Badigeonner 2 filets de cabillaud de 1 cuillère à soupe de miso. Faire revenir dans une poêle avec 1 filet d'huile de sésame pendant 2 à 3 minutes.

financier au sésame

Battre 60 g de sucre et 2 œufs. Ajouter 40 g de beurre salé fondu et 5 cuillères à soupe de pâte de sésame noir. Bien mélanger puis verser 30 g de farine et 2 cuillères à soupe de graines de sésame noir puis mélanger de nouveau. Verser dans 12 moules à financier beurrés. Cuire au four 12 minutes à 190 °C.

riz cuit aux algues moulé en carrés

Voir recette page 146.

tapenade d'algues

Pour **8-10 personnes**
Préparation **10 minutes**

100 g d'**algues fraîches** (au choix : wakamé, laitue de mer, nori…)
le **jus** de 1 **citron** (ou un mélange de citrons jaune et vert pour plus de saveur)
10 cl d'**huile d'olive**
1 **échalote** épluchée
1 c. à s. de **pâte de uméboshi** (peut être remplacée par des câpres)

Laver les algues sous l'eau courante pour ôter le sel et le sable.

Presser avec les mains pour être sûr d'enlever le maximum d'eau (voir la préparation des algues fraîches page 34).

Passer tous les ingrédients au mixeur.

Note : servie en canapé à l'apéro, la tapenade d'algues est délicieuse. Elle s'accommode également à merveille avec des pâtes, des crudités, des légumes cuits à la vapeur ou encore en salade à la place d'une vinaigrette habituelle. Quand vous aurez découvert cette recette, vous en aurez toujours en stock dans votre réfrigérateur (elle se garde environ 1 semaine mais elle peut aussi être congelée). C'est le secret des repas sains de dernière minute !

tarama au wasabi sur crackers au sarrasin

Pour **20 crackers**
Préparation **15 minutes**
Cuisson **15 minutes**

Pour le tarama au wasabi
60 g d'**œufs de cabillaud fumé**
50 ml de **crème liquide**
½ c. à c. de **wasabi**
25 ml d'**huile d'olive**
10 brins de **ciboulette**
½ **citron**

Pour les crackers au sarrasin
80 g de **farine intégrale** (T150)
60 g de **farine de sarrasin**
1 **œuf**
25 ml d'**huile d'olive**
25 ml d'**eau**
1 c. à c. de **sel**

Préparer les crackers. Préchauffer le four à 170 °C.

Dans un bol, mélanger les 2 farines et le sel.

Dans un second bol, fouetter l'œuf avec l'huile et l'eau.

Verser ensuite les farines dessus et mélanger pour obtenir une pâte homogène.

Étaler la pâte au rouleau à pâtisserie sur une épaisseur de ½ cm. Découper la forme souhaitée. Enfourner 10 à 15 minutes à 170 °C.

Préparer le tarama au wasabi. Retirer la fine peau qui recouvre les œufs de cabillaud et les mettre dans un mixeur avec la crème, l'huile, le wasabi, le jus de citron et la ciboulette. Mixer.

Servir les crackers garnis de tarama au wasabi.

légumes crus à l'aïoli de miso

Pour **4 personnes**
Préparation **10 minutes**

2 petits **concombres** (ou 2 petites **courgettes**)
½ **chou-fleur**
½ botte de **radis rouges**
1 poignée de **tomates cerises**

Pour l'aïoli au miso
1 gousse d'**ail** épluchée et dégermée
2 c. à s. rases de **miso**
10 cl d'**huile d'olive** (environ 10 c. à s.)
1 **jaune d'œuf**

Laver tous les légumes. Épépiner les concombres. Les couper en grands bâtonnets.

Séparer les têtes du chou-fleur.

Mettre tous les légumes dans un beau plat de service.

Dans un mortier, écraser l'ail avec le miso pour en faire une pâte homogène. Ajouter ensuite le jaune d'œuf. Bien mélanger, puis verser peu à peu l'huile d'olive en tout petit filet, en remuant sans cesse pour éviter une séparation de l'huile et des autres ingrédients.

Note : le mariage de l'ail et du miso étonne autant qu'il séduit. Le miso, naturellement salé, est adouci par l'huile d'olive et en fait un assaisonnement idéal de tous vos légumes crus ou cuits. Il est également délicieux pour accompagner un plat de poisson ou de viande.

verrine saumon-wasabi

Pour **4 verrines**
Préparation **15 minutes**

2 tranches de **saumon fumé** taillées en lamelles
60 g d'**œufs de saumon**
2 **avocats**
1 c. à c. de **wasabi**
200 g de **faisselle**
5 c. à s. d'**huile d'olive**
le jus de 1 **citron vert**
4 brins de **ciboulette**
fleur de sel, **poivre noir** du moulin

Mixer la chair des avocats avec le wasabi, la moitié du jus de citron, du sel et du poivre.

Dans un bol, fouetter la faisselle égouttée avec l'huile d'olive, le reste du jus de citron, du sel et du poivre.

Dans chaque verrine, commencer par mettre une couche de mélange aux avocats, puis le saumon fumé suivi du mélange à la faisselle.

Décorer d'œufs de saumon et de ciboulette ciselée. Servir frais.

Note : cette verrine est non seulement un plaisir visuel mais offre aussi une vraie explosion de saveurs. Le wasabi y est pour beaucoup. Cette racine qui pousse dans les eaux limpides des montagnes japonaises s'associe subtilement au saumon. Le mélanger à l'avocat permet d'adoucir son goût piquant.

sablés aux algues

Pour **30 sablés**
Préparation **10 minutes**
Repos **15 minutes**
Cuisson **10 à 15 minutes**

180 g de **farine intégrale** (T150)
8 cl d'**huile d'olive**
2 c. à s. d'**eau**
1 **œuf**
50 g de **parmesan**, râpé
5 g d'**algues sèches** en paillettes

Dans un bol, mélanger le parmesan râpé, la farine et les algues.

Dans un second bol, battre l'œuf, l'huile d'olive et l'eau.

Mélanger les deux préparations ensemble et former une pâte qui doit être souple.

Étaler cette pâte sur ½ cm d'épaisseur.

Laisser reposer 15 minutes au réfrigérateur pour faire durcir la pâte, puis couper des formes à l'emporte-pièce.

Faire cuire 10 à 15 minutes dans un four préchauffé à 170 °C.

bricks de printemps

Pour **8 rouleaux**
Préparation **20 minutes**
Cuisson **15 minutes**

8 feuilles de **brick**
200 g de **shiitakés** frais
8 **gambas crues**, décortiquées (inciser le dos pour en retirer la membrane noire)
2 **poireaux**
8 **asperges vertes**
8 feuilles de **shiso** (peut être remplacé par de la menthe et du basilic)
½ bouteille d'**huile de friture**
sauce soja (quantité selon ses goûts)
wasabi (quantité selon ses goûts)

Éplucher les asperges, couper et jeter environ 5 cm à la base. Les couper en deux dans la longueur.

Ôter la queue des shiitakés et les couper en deux ou trois selon leur grosseur.

Enlever une partie du vert des poireaux et couper la partie blanche en quatre dans la longueur, puis chaque morceau en deux horizontalement.

Faire cuire à la vapeur les asperges, les shiitakés et les poireaux pendant 15 minutes.

Sur chaque feuille de brick, sur la partie inférieure la plus proche de soi, répartir les asperges, les shiitakés, les poireaux, les gambas et les herbes. Fermer les rouleaux : rouler d'abord en partant de la base vers le haut puis, avant d'arriver au bout, rabattre les deux côtés. Finir le dernier tour et coller avec un morceau de poireau cuit.

Faire frire dans l'huile chauffée à 180 °C jusqu'à ce que les rouleaux prennent une belle couleur brune (environ 3 à 4 minutes). Les déposer sur du papier absorbant. Déguster avec la sauce soja et une pointe de wasabi.

salade poire & avocat, sauce ponzu

Pour **4 personnes**
Préparation **15 minutes**

2 **avocats** pelés
2 **poires** pelées
et épépinées
20 g de copeaux
de **parmesan**

Pour la sauce ponzu
2 c. à s. de **sauce soja**
4 c. à s. de **jus de citron yuzu**

Couper les poires et la chair des avocats en fines lamelles.

Les disposer en rosace en alternant une lamelle de poire, une lamelle d'avocat.

Saupoudrer de parmesan et arroser de sauce ponzu.

Un conseil pour les plus pressés : couper les poires et les avocats en dés et tout mélanger dans le saladier. Plus rapide et toujours aussi bon !

Note : la sauce ponzu est un substitut intéressant de la vinaigrette classique car c'est un assaisonnement sans huile. Elle est utilisée au Japon pour accompagner les salades, les fondues de viande et de poisson ou encore pour assaisonner les légumes. Elle est vendue toute prête dans les épiceries japonaises mais elle est facile à réaliser soi-même : en remplaçant le yuzu par un mélange de citron vert et de citron jaune.

salade de kaki d'Aubagne

Pour **4 personnes**
Préparation **10 minutes**

2 **avocats**
1 **kaki**
6 cm environ de **daïkon** (ou radis noir)
4 feuilles en chiffonnade de **shiso**

Pour la sauce ponzu
1 ½ c. à s. de **sauce soja**
3 c. à s. de jus de **yuzu** (à défaut, utiliser un mélange de **jus de citrons jaune et vert**)

Couper le kaki épluché, la chair des avocats retirée de leur peau et le daïkon pelé et coupé en cubes. Mettre dans le plat de service.

Préparer la sauce en mélangeant la sauce soja et le jus de yuzu (ou le jus des citrons).

Arroser la salade de sauce. Décorer avec la chiffonnade de shiso.

Note : le kaki est un fruit très apprécié et très attendu au Japon en automne. On le déguste frais mais également séché. J'en suis une grande fan et je l'utilise autant en dessert qu'en plat salé. Sa belle couleur orange ensoleille les salades.

salade de hideko

Pour **4 personnes**
Préparation et cuisson
10 minutes

50 g de **laitue de mer** (voir préparation des algues fraîches page 34)
1 poignée de **vermicelles**
1 poignée de **roquette**
50 g de petites **crevettes** cuites et décortiquées

Pour la vinaigrette au sésame
3 c. à s. d'**huile de sésame**
1 ½ c. à s. de **sauce soja**
1 ½ c. à s. de **jus** de **citron jaune**

Cuire les vermicelles 5 minutes dans de l'eau bouillante. Égoutter, rincer à l'eau froide et égoutter de nouveau.

Mettre dans un saladier avec tous les autres ingrédients. Mélanger avant de servir.

salade terre et mer

Pour **4 personnes**
Préparation **10 minutes**

50 g de **wakamé**
(voir préparation
des algues fraîches
page 34)
1 **avocat** pelé et émincé
4 **champignons de Paris**,
émincés

Pour la vinaigrette au yuzu
2 c. à s. d'**huile d'olive**
1 ½ c. à s. de **sauce soja**
1 ½ c. à s. de **jus** de **yuzu**

Disposer le wakamé, recouvrir de lamelles de champignon et d'avocat.

Mélanger tous les ingrédients de l'assaisonnement et le verser sur la salade.

taboulé japonais

Pour **4 personnes**
Préparation **10 minutes**
Repos **30 minutes**

1 ½ verre de **couscous**
¾ de verre d'**eau bouillante**
2 **tomates**
40 g d'**algues fraîches** (voir préparation page 34)
½ **concombre**
5 feuilles de **shiso** (ou un mélange de menthe et de basilic)
3 c. à s. de **sauce soja**
3 c. à s. de **umé su** (ou du vinaigre balsamique)
6 c. à s. d'**huile de sésame**

Préparer le couscous : mettre les graines dans un bol. Verser l'eau bouillante, couvrir et laisser gonfler 5 minutes. Ajouter la sauce soja, le umé su et l'huile de sésame, puis égrener à la fourchette pour bien détacher les graines.

Couper les tomates et le concombre en petits dés, ciseler le shiso et les algues. Ajouter les légumes à la semoule. Laisser les saveurs se mélanger pendant 30 minutes au réfrigérateur et servir frais.

Note : le umé su (de « umé », prunes et de « su », vinaigre) s'utilise fréquemment dans la cuisine macrobiotique. Il peut remplacer le vinaigre ou le citron dans un accompagnement de salade.

soupe miso à la coriandre

Pour **4 personnes**
Préparation **10 minutes**
Cuisson **5 à 10 minutes**

80 cl de **bouillon dashi** (voir préparation page 32)
3 c. à s. de **miso**
1 c. à s. de **sauce soja**
quelques **lamelles de saumon** frais (environ 60 g)
1 c. à c. de **graines de coriandre**
2 brins de **coriandre fraîche**

Mettre le bouillon dashi dans une casserole sur feu doux avec le saumon et les graines de coriandre concassées. Porter à ébullition et faire cuire environ 5 minutes. Retirer du feu.

Dans un petit bol, mélanger le miso et 1 cuillère à soupe de bouillon dashi pour le diluer (si l'on rajoute le miso directement dans la soupe, il sera plus difficile à diluer).

Verser ce mélange dans la soupe, ajouter la sauce soja et bien mélanger. Servir dans des bols. Décorer de feuilles de coriandre.

Note : le kombu est une algue pouvant atteindre 10 mètres de long ! Il est fréquemment utilisé à la réalisation du bouillon dashi qui est la base de la cuisine japonaise, et en particulier de la fameuse soupe miso. Le kombu est aujourd'hui cultivé chez nous, dans les eaux froides de la Bretagne, et on le trouve en vente dans les magasins bio.

chawan mushi

Pour **4 personnes**
Préparation **10 minutes**
Cuisson **20 minutes**

12 **pois mange-tout** coupés en deux
60 g de petites **crevettes crues**, décortiquées
40 cl de **bouillon dashi** (voir préparation page 32)
3 **œufs**
2 c. à s. de **sauce soja**
2 c. à s. de **mirin**
1 c. à c. de **sel**
¼ de feuille de **nori** coupée en lamelles pour la déco (voir réaliser des lamelles de nori page 35)

Dans un bol, mélanger les œufs avec le dashi, la sauce soja, le sel et le mirin.

Répartir la moitié des crevettes et des pois mange-tout dans des ramequins. Verser le mélange aux œufs, couvrir de papier d'aluminium et faire cuire à la vapeur 15 à 20 minutes.

Deux minutes avant la fin, déposer à la surface les crevettes et les pois mange-tout restants. Décorer de lamelles de nori avant de servir.

Note : le chawan mushi est un plat typiquement japonais qui rentre aussi bien dans la composition d'un repas « kaiseki », ou haute gastronomie japonaise, que dans un repas familial. On le sert chaud en hiver ou froid en été. Sa texture onctueuse s'obtient par une cuisson à la vapeur (« mushi » signifiant vapeur en japonais).

cappuccino de maïs au shiitaké

Pour **4 personnes**
Préparation **15 minutes**
Cuisson **25 minutes**

400 g de **graines de maïs**
2 **shiitakés** séchés
1 **échalote** pelée et émincée
½ litre d'**eau**
5 cl de **crème liquide**
(elle doit être très froide)
sel

Cuire les graines de maïs dans une casserole d'eau salée bouillante pendant 25 minutes avec les shiitakés séchés et l'échalote.

Mixer, passer au chinois (c'est-à-dire à travers une passoire pour retirer les peaux des graines de maïs) et mettre dans des verrines.

Monter la crème liquide bien froide en chantilly (au fouet).

Décorer chaque verrine de chantilly. Râper du shiitaké séché sur la verrine pour la touche finale.

Note : le shiitaké séché, au goût très parfumé, s'utilise fréquemment dans les bouillons de base de la cuisine japonaise. Certains magasins au Japon sont même uniquement spécialisés dans la vente de ces champignons qui ont des vertus thérapeutiques reconnues. On peut les râper directement sur une soupe, une salade ou des pâtes pour obtenir une petite touche parfumée.

gaspacho aux algues

Pour **4 personnes**
Préparation **15 minutes**
Repos **2 heures**

5 **tomates**
1 **poivron rouge**
1 **concombre**
1 tranche de **mie de pain**
3 c. à s. de **vinaigre balsamique**
½ verre d'**huile d'olive**
15 feuilles de **basilic**
poivre du moulin, **sel** de Guérande
4 c. à s. de **tapenade d'algues** (voir recette page 52)

Peler les tomates, le poivron et le concombre.

Les couper grossièrement et laisser mariner au frais avec le vinaigre, l'huile, la mie de pain, le basilic, du sel et du poivre pendant au moins 2 heures.

Mixer le tout. Mettre dans des assiettes à soupe, décorer de tapenade d'algues.

soupe ankake

Pour **4 personnes**
Préparation **20 minutes**
Repos **30 minutes**
Cuisson **18 à 20 minutes**

60 cl de **bouillon dashi** (voir page 32)
60 g de **champignons shimeji**
120 g de **filet de loup**
4 c. à s. de **mirin**
4 c. à s. de **sauce soja**
1 c. à c. de **sel**
6 c. à s. de **katakuriko** (à défaut, remplacer par de la **Maïzena**)
1 c. à c. de **zestes de citron**

Pour la sauce teriyaki
3 c. à s. de **sauce soja**
3 c. à s. de **saké**
2 c. à s. de **sucre**

Commencer par préparer la sauce teriyaki en faisant chauffer tous les ingrédients dans une casserole à feu doux. Quand le mélange a bien épaissi (compter 8 à 10 minutes environ), retirer du feu et le mettre dans un bol avec le filet de loup découpé en lanières. Laisser mariner au moins ½ heure.

Faire chauffer le dashi dans une casserole. À ébullition, mettre les champignons shimeji débarrassés de leurs pieds terreux, le mirin, la sauce soja et le sel. Laisser frémir pendant 5 minutes environ.

Pendant ce temps, cuire les lanières de poisson marinées sous le gril du four pendant 2-3 minutes. Répartir les lanières de poisson dans des bols de service, poser dessus les zestes de citron.

Mélanger le katakuriko avec un peu de bouillon dans un petit bol, puis le verser dans le bouillon pour faire épaissir. Retirer du feu et verser dans les bols de service.

Note : « ankake » signifie en japonais épaissi au katakuriko. Cette fécule de pommes de terre donne un beau velouté à vos soupes ou à vos sauces en un clin d'œil. Mais on peut aussi la remplacer par de la Maïzena.

feuilleté de shimejis

Pour **4 personnes**
Préparation **10 minutes**
Cuisson **20 minutes**

- 1 **pâte feuilletée** prête à l'emploi
- 1½ paquet de **shimejis** (à défaut, utiliser des **pleurotes**)
- 2 paquets de **mozzarella**
- 4 c. à s. d'**huile d'olive**
- 1 c. à c. de **piment d'Espelette**
- **sel**

Préchauffer le four à 190 °C.

Étaler la pâte sur une plaque. Cuire la pâte à blanc 5 minutes.

Ôter les pieds terreux des shimejis.

Couper la mozzarella en lamelles, puis en garnir la pâte précuite. Ajouter les shimejis, verser un filet d'huile d'olive et assaisonner de sel et de piment d'Espelette. Enfourner de nouveau 10 à 15 minutes.

Note : les shimejis sont des champignons de culture aussi répandus au Japon que le sont les champignons de Paris en France. Encore difficiles à trouver en France, à part dans certaines épiceries asiatiques, vous pouvez les remplacer dans cette recette par des pleurotes ou tout simplement par des champignons de Paris !

pizza mozzarella, roquette & nori

Pour **1 pizza**
Préparation **15 minutes**
Cuisson **40 minutes**

1 **pâte à pizza**
2 grosses poignées de **roquette** (environ 100 g)
250 g de **mozzarella**
2 **tomates**
1 gousse d'**ail**, pelée et émincée
1 feuille de **laurier**
1 c. à c. de **gros sel**
2 feuilles de **nori**, ciselées en lamelles (voir page 35)
2 c. à s. d'**huile d'olive**
sel, **poivre**

Commencer par préparer la sauce tomate : peler les tomates et les couper en dés.

Dans une casserole, faire mijoter à petit feu les tomates avec l'ail, le laurier et le gros sel pendant 25 minutes environ.

Préchauffer le four à 230 °C.

Étaler la pâte à pizza sur du papier sulfurisé, la déposer sur une plaque allant au four.

Répartir la sauce tomate sur la pâte, puis la mozzarella coupée en tranches. Saler, poivrer et arroser d'huile d'olive. Enfourner 15 minutes.

Laisser un peu tiédir avant de répartir la roquette, puis les lamelles de nori. Servir aussitôt.

tartelettes aux courgettes

Pour une **dizaine de tartelettes**
Préparation **20 minutes**
Repos **10 minutes**
Cuisson **40 minutes**

150 g de **farine complète** (T110)
8 c. à s. d'**huile d'olive**
3 c. à s. d'**eau**
½ c. à c. de **sel**
3 **courgettes**
10 g de **parmesan** râpé
1½ c. à s. de **miso**
poivre du moulin

Préparer la pâte : dans une jatte, mélanger la farine et le sel. Ajouter 7 cuillères à soupe d'huile, malaxer à la main et ajouter l'eau, petit à petit, jusqu'à former une belle boule homogène. Abaisser la pâte (entre 2 feuilles de papier sulfurisé pour faciliter l'étalage de la pâte). Laisser refroidir au réfrigérateur pendant 10 minutes.

Préchauffer le four à 190 °C.

Sortir la pâte du réfrigérateur et couper des cercles de la taille des moules à tartelette. Piquer chaque cercle à la fourchette et mettre chacun dans un moule.

Enfourner la pâte à blanc pour 8 minutes.

Couper 2 courgettes en dés et les faire revenir dans une poêle avec l'huile d'olive pendant 10 minutes. Passer au mixeur avec le miso et du poivre.

Étaler ce mélange sur les tartelettes précuites.

Couper la dernière courgette dans le sens de la longueur à l'économe pour réaliser des tagliatelles de courgette. Les répartir sur les petites tartes, saupoudrer de parmesan râpé et de poivre du moulin.

Enfourner (toujours à 190 °C) pour 20 minutes.

légumes

sauté de légumes croquants

Pour **4 personnes**
Préparation **5 minutes**
Cuisson **3 minutes**

2 **œufs** battus avec une pincée de **sel** et de **poivre**
150 g de **gombo** (à défaut, utiliser des courgettes)
150 g de petits **maïs**
100 g de petites **asperges vertes**
1 c. à s. d'**huile d'olive**
1 c. à s. de **mirin**
1 c. à s. de **sauce soja**
1 pincée de **gros sel**
poivre du moulin
le **jus** de ½ **citron vert**
2 brins de **coriandre**
4 feuilles de **menthe**

Préparer les légumes : couper en trois dans la longueur les gombos, les maïs en trois et les asperges en deux.

Battre les œufs.

Chauffer l'huile dans un wok. Faire sauter les légumes à feu vif avec le gros sel, sans cesser de remuer pendant 2 minutes. Ajouter les œufs. Faire cuire encore 30 secondes, tout en mélangeant, puis arrêter le feu.

Assaisonner de mirin, de sauce soja et d'un tour de poivre du moulin. Ajouter les herbes ciselées et le jus de citron.

Note : on trouve facilement ces jolis petits légumes dans les magasins exotiques mais également de plus en plus chez nos primeurs. Vous pouvez les remplacer par des légumes de saison ou par des courgettes, des carottes et des asperges vertes classiques.

haricots verts, noix & miso

Pour **4 personnes**
Préparation **10 minutes**
Cuisson **5 minutes**

400 g de **haricots verts**, effilés
2 c. à s. de **miso**
2 c. à s. de **mirin**
½ gousse d'**ail**, pelée et écrasée
20 g de **noix**
½ c. à s. de **gros sel**

Cuire les haricots verts dans de l'eau bouillante salée pendant 5 minutes. Égoutter.

Pendant ce temps, mélanger tous les autres ingrédients dans un mortier afin de former une pâte. Mélanger la pâte et les haricots verts.

Note : au Japon, on prépare de nombreuses sauces en utilisant le suribashi (mortier japonais). Le suribashi a la particularité d'avoir des stries qui, au contact du pilon en bois, broient efficacement les aliments, et avec une quantité suffisante de liquide, permettent d'obtenir facilement une texture lisse et onctueuse. Vous pouvez bien sûr remplacer le suribashi par un mortier classique ou encore utiliser tout simplement un mixeur.

pommes de terre au saké

Pour **4 personnes**
Préparation **15 minutes**
Cuisson **25 minutes**

6 **pommes de terre** moyennes
5 c. à s. d'**huile d'olive**
10 cl de **saké** (environ 10 c. à s.)
3 c. à s. de **sauce soja**
4 brins de **coriandre**
sel

Couper les pommes de terre en huit (un peu plus si elles sont très grosses). Les faire bouillir pendant 10 minutes dans de l'eau salée.

Chauffer la moitié de l'huile d'olive dans un wok et ajouter les pommes de terre en les remuant pendant 5 minutes sur feu vif. Ajouter le saké et cuire 5 minutes à feu vif en remuant pour faire évaporer presque tout le liquide.

Ajouter la sauce soja et remuer pour bien enrober les pommes de terre et leur donner une belle couleur dorée. Baisser le feu, ajouter le reste d'huile d'olive. Remuer, couvrir et laisser cuire encore 5 minutes à feu doux.

Décorer de coriandre ciselée.

Note : le saké japonais est un alcool de riz encore méconnu en France (on déguste plus souvent le saké chinois très différent car bien plus fort en degré d'alcool). Il est obtenu à partir de la fermentation du riz. Son goût est très doux et il est souvent utilisé dans la cuisine japonaise dans les sauces, les plats mijotés ou encore en marinade.

aubergines grillées

Pour **4 personnes**
Préparation **5 minutes**
Cuisson **15 minutes**

2 **aubergines**
1 c. à s. d'**huile d'olive**
3 c. à s. de **sauce soja**
3 c. à s. de **vinaigre de riz**
1 gousse d'**ail** épluchée et dégermée
2 cm de **gingembre** épluché
1 pincée de **piment d'Espelette**

Couper les aubergines en deux dans la longueur, puis chaque moitié en quatre bâtonnets. Badigeonner d'huile d'olive au pinceau.

Cuire sous le gril du four (ou sur une poêle posée sur feu vif) 10 à 15 minutes en les retournant à mi-cuisson. Préparer la sauce en passant au mixeur la sauce soja, le vinaigre de riz, l'ail et le gingembre.

Mettre les aubergines grillées dans un plat de service, arroser de sauce et saupoudrer de piment d'Espelette.

Note : au Japon, les grillades sont très fréquentes et toutes les cuisinières sont équipées d'une partie gril. Sans utiliser de gras et souvent tout juste relevé d'une pointe de sauce soja, cette cuisson permet de déguster un aliment tout en gardant son goût naturel.

shiitakés en papillote

Pour **4 personnes**
Préparation **5 minutes**
Cuisson **10 minutes**

16 **shiitakés**
4 c. à s. d'**huile d'olive**
fleur de sel de Guérande, **poivre** du moulin
papier sulfurisé

Retirer les pieds des shiitakés et les couper en deux. Les répartir au milieu de quatre feuilles de papier sulfurisé. Verser 1 cuillère à soupe d'huile d'olive sur chaque portion. Saler et poivrer.

Fermer hermétiquement les papillotes : on peut les fermer comme des bonbons en ficelant les deux extrémités ou en les agrafant.

Cuire 10 minutes dans un four à 200 °C.

champuru de kié

Pour **4 personnes**
Préparation **10 minutes**
Cuisson **5 minutes**

300 g de **tofu ferme** coupé en cubes
4 **œufs** battus avec une pincée de **sel**
100 g de **gombo** coupé en trois dans la longueur (à défaut, prendre une petite **courgette**)
100 g de petits **maïs** coupés en deux dans la longueur
150 g de petites **asperges vertes**, coupées en deux dans la longueur
2 **échalotes** pelées et émincées
2 c. à s. d'**huile d'olive**
2 c. à s. d'**huile de sésame**
2 c. à s. de **mirin**
4 c. à s. de **sauce soja**
le **jus** de 1 **citron vert**
les feuilles de ½ botte de **coriandre**

Chauffer les huiles dans un wok. Faire revenir les échalotes, les maïs, les asperges et le tofu pendant 2 minutes, ajouter les morceaux de gombo et faire sauter, sans cesser de remuer, 2 minutes supplémentaires.

Ajouter les œufs. Mélanger encore 30 secondes et arrêter le feu. Assaisonner de mirin et de sauce soja. Ajouter les feuilles de coriandre et le jus de citron.

Note : cette recette est inspirée du plat populaire d'Okinawa : le champuru. Sa version d'origine est un plat de légumes (dont le fameux goya, sorte de concombre au goût amer) et de tofu sautés. Le soja est l'ingrédient phare de la cuisine d'Okinawa : on en consomme sous toutes ses formes, presque deux fois plus qu'au Japon, et la sauce soja est présente dans la plupart des plats. Elle constitue un substitut intéressant au sel.

fondant d'aubergines

Pour **4 personnes**
Préparation **15 minutes**
Cuisson **30 minutes**

2 **aubergines**
400 g de **tofu ferme** coupé en tout petits morceaux
2 **oignons nouveaux** émincés
4 cm de **racine de gingembre** pelée et émincée
5 c. à s. de **sauce soja**
1 c. à s. rase de **miso**
2 c. à s. de **fécule de pommes de terre** (ou de **Maïzena**)
10 cl d'**eau**
2 c. à s. d'**huile d'olive**
1 poignée de **noix de cajou**
4 brins de **ciboulette**

Couper les aubergines en rondelles de 1 cm d'épaisseur. Cuire à la vapeur 15 à 20 minutes : elles doivent être fondantes.

Dans une poêle, faire revenir le tofu avec le gingembre émincé et les oignons nouveaux pendant 5 minutes.

Dans un petit bol, délayer la fécule dans l'eau, puis ajouter le miso et la sauce soja.

Sur feu doux, ajouter au tofu les noix de cajou émincées, puis la fécule délayée pour faire épaissir. Bien mélanger et retirer du feu.

Dans un plat, disposer les rondelles d'aubergine et répartir dessus le mélange de tofu. Parsemer de ciboulette ciselée.

Note : on pense souvent que l'aubergine est d'origine méditerranéenne, mais elle vient en fait de Chine. Au Japon, l'aubergine est très largement utilisée dans la cuisine, mais est d'une espèce différente : plus petite et moins aigre. Voici un plat assez répandu au Japon mais où l'aubergine est frite et non cuite à la vapeur comme dans cette recette. La cuisson à la vapeur est reconnue pour ses vertus saines car elle préserve les bienfaits nutritifs des produits, et tout particulièrement les vitamines.

yaki-yasai

Pour **4 personnes**
Préparation **20 minutes**
Cuisson **15 minutes**

16 grands **shiitakés**
16 **gombos**
8 **asperges vertes**
1 **poivron**
1 **courgette**
½ **citron vert**

Pour la sauce taré
5 c. à s. de **sauce soja**
2 c. à s. de **saké**
2 c. à s. de **mirin**
1 c. à s. de **sucre**

Chauffer les ingrédients de la sauce taré dans une casserole sur feu doux. Laisser réduire jusqu'à l'obtention d'une consistance sirupeuse.

Préparer les légumes : couper les gombos en deux ou trois dans la longueur, couper le poivron en deux, l'épépiner et tailler chaque moitié en lamelles. Couper la courgette en 4 ou 5 tronçons dans la longueur, puis chaque tronçon en lamelles. Couper le pied des shiitakés.

Piquer les légumes dans des piques en bois ou à brochettes. Mettre toutes les brochettes dans un plat et arroser de sauce taré.

Faire chauffer le gril du four. Lorsqu'il est bien chaud, griller les brochettes environ 5 minutes, retremper ensuite dans la sauce taré et remettre l'autre face sous le gril environ 5 minutes. À la fin de la cuisson, tremper de nouveau dans la sauce avant de servir, accompagné de tranches de citron.

Note : cette recette est inspirée des « yakitori », un plat populaire japonais préparé dans des petites échoppes de rues commerçantes. Littéralement, « yakitori » signifie poulet grillé car la plupart de ces brochettes sont à base de poulet. Dans cette recette, c'est une version uniquement de légumes, d'où le nom yaki-yasai (« yasai » voulant dire légume).

poissons

saint-jacques poêlées au wasabi

Pour **4 personnes**
Préparation **15 minutes**
Cuisson **25 minutes**

8 **coquilles Saint-Jacques**
2 c. à s. de **farine**
1 c. à c. de **wasabi**
3 c. à s. d'**huile d'olive**
300 g d'**asperges vertes**
1 feuille de **nori**
sel, **poivre**

Préparer les asperges : couper environ 3 cm à la base, les éplucher à l'économe puis les couper en deux dans la longueur. Cuire à l'eau bouillante salée pendant 20 minutes. Égoutter.

Préparer la sauce : dans un mixeur, mettre les tiges d'asperge cuites (on gardera les pointes pour la présentation), l'huile d'olive, le wasabi et ½ cuillère à café de sel. Mixer.

Enrober les Saint-Jacques de farine. Enlever l'excédent. Les faire revenir à la poêle dans un peu d'huile d'olive, 2 minutes de chaque côté. Saler, poivrer.

Ajouter les pointes d'asperge pour les réchauffer, faire sauter encore 1 minute.

Disposer les pointes d'asperge sur des assiettes, poser les Saint-Jacques poêlées et napper de sauce au wasabi. Décorer de nori coupé en petits carrés.

sashimis à la courgette

Pour **4 personnes**
Préparation **5 minutes**
Cuisson **10 minutes**

200 g de **filet de daurade** (il doit être très frais)
1 **courgette**

Pour le pesto de roquette
1 poignée de **roquette**
1 c. à c. de **wasabi**
4 c. à s. d'**huile d'olive**
2 c. à s. de **vinaigre de riz**
1 pincée de **sel**

Couper la courgette en rondelles de 1 cm d'épaisseur. Cuire 10 minutes à la vapeur.

Couper le filet de daurade en fines tranches.

Passer au mixeur tous les ingrédients du pesto.

Dans un plat, dresser les tranches de daurade sur les rondelles de courgette. Arroser d'un filet de pesto.

Note : la chair de daurade est un pur délice, mais assurez-vous qu'elle est très fraîche. Si vous avez un doute, je vous conseille de poêler le filet très légèrement (un aller-retour suffira).

saumon aux graines

Pour **4 personnes**
Préparation **15 minutes**
Repos **30 minutes**
Cuisson **9 minutes**

4 pavés de **saumon**
10 g de **gingembre frais**, épluché et émincé en petits dés
4 c. à s. d'**huile d'olive**
3 c. à s. de **mirin**
3 c. à s. de **saké**
3 c. à s. de **sauce soja**
1 c. à c. de **graines de coriandre** concassées
2 **courgettes**
1 c. à c. de **gros sel**

Préparer la marinade en mélangeant le gingembre, le mirin, le saké, la sauce soja et les graines de coriandre. Mettre le saumon dans un plat creux, verser la marinade et laisser reposer ½ heure au réfrigérateur.

Dans une poêle, cuire le saumon (d'abord sans la marinade) dans l'huile d'olive 3 minutes côté peau, puis 2 minutes côté chair. Retirer le saumon.

Verser la marinade dans la poêle sur feu vif. Laisser réduire de moitié. Ajouter le saumon, bien l'enrober de sauce et faire cuire 30 secondes supplémentaires.

Couper les courgettes en lamelles à l'aide d'un économe et les faire revenir à feu vif dans le wok avec l'huile d'olive et le gros sel pendant 3 minutes, sans cesser de remuer.

Servir le poisson avec les courgettes.

Note : curieusement, au Japon, on ne déguste le saumon cru que depuis quelques années. Dans la cuisine traditionnelle, on le trouve plus fréquemment salé ou mariné puis grillé et accompagné d'un bol de riz. Dans cette recette, la marinade donne au saumon un goût inédit, et une cuisson rapide permet de garder son cœur presque cru. Un véritable délice qui fond dans la bouche !

thon tataki

Pour **4 personnes**
Préparation **10 minutes**
Cuisson **2 minutes**

500 g de **thon** (le prendre très frais et le garder en bloc)
4 feuilles de **shiso** ciselées (à défaut, remplacer par un mélange de basilic et de menthe)
4 c. à s. d'**huile de sésame**
2 c. à s. de **sauce soja**
1 c. à s. de **gingembre** râpé
3 c. à s. de **radis blanc** (daïkon) râpé (à défaut, remplacer par du **radis noir**)

Couper le thon en tronçons d'environ 5 cm d'épaisseur. Dans une poêle bien chaude, colorer le thon à sec (sans matières grasses) sur tous ses côtés. Cette étape doit être très rapide (environ 10 secondes par côté) car le cœur du thon doit rester cru.

Couper ensuite le thon en tranches de 1 cm d'épaisseur. Disposer dans un plat et décorer de daïkon, de gingembre et de feuilles de shiso. Arroser de sauce soja.

Dans une poêle, chauffer l'huile de sésame. La retirer du feu dès qu'elle commence à fumer, la verser sur le poisson. Vous allez entendre un petit crépitement, c'est le moment de servir !

Note : le terme « tataki » définit ce mode de cuisson ultrarapide à sec. Le thon va ainsi prendre une belle couleur brune et un léger goût de noisette qui se révèle être un vrai délice.

tempura du Sud

Pour **4 personnes**
Préparation **30 minutes**
Cuisson **20 minutes**

2 filets de **rascasse**
½ **poivron rouge**
1 **courgette**
1 **aubergine**
8 feuilles de **basilic**
25 cl de **bouillon dashi** (voir préparation page 32)
8 cl (8 c. à s.) de **sauce soja**
8 cl (8 c. à s.) de **mirin**
4 c. à s. de **radis blanc**, râpé (daïkon)
huile végétale

Pour la pâte à tempura
200 g de **farine blanche** (T40)
2 **jaunes d'œufs**
45 cl d'**eau glacée**

Préparer les légumes : peler le poivron, l'épépiner et le couper en lamelles. Couper également la courgette et l'aubergine en lamelles.

Couper chaque filet de rascasse en 4 morceaux.

Préparer la sauce en mettant le dashi, la sauce soja et le mirin dans une casserole. Porter à ébullition, éteindre le feu et garder au chaud.

Préparer la pâte à beignets : dans un bol, fouetter très légèrement les jaunes d'œufs, ajouter l'eau glacée, remuer et mettre 160 g de farine tamisée. Mélanger très peu car il faut avoir des grumeaux, c'est l'astuce pour réussir une bonne pâte. Si elle est trop mélangée et homogène, elle formera une pâte lourde autour des ingrédients frits.

Faire chauffer l'huile dans une casserole (environ 170 °C, vérifier en mettant un peu de pâte dans l'huile : si elle coule pour remonter à la surface en faisant des bulles, elle est à bonne température).

Passer les ingrédients un par un dans de la farine, éliminer l'excédent puis tremper dans la pâte à tempura avant de les plonger dans l'huile. Faire cuire jusqu'à ce que la pâte devienne très légèrement dorée. Retirer tout de suite de l'huile et faire égoutter sur du papier absorbant avant de les présenter dans un plat.

Déguster en les trempant dans un petit bol de sauce agrémentée de daïkon râpé.

bouillabaisse nippone

Pour **4 personnes**
Préparation **15 minutes**
Repos **1 heure**
Cuisson **30 minutes**

400 g de **filet de merlan**
2 **navets** épluchés et coupés en lamelles
2 **carottes** épluchées et coupées en tronçons
1 **poireau** coupé en tronçons d'environ 3 cm de longueur
½ **chou chinois** émincé en tronçons d'environ 2 cm
5 cm environ d'**algue kombu**
4 **shiitakés** séchés
8 c. à s. de **radis blanc**, râpé (daïkon)
15 cl de **sauce soja**
30 cl de **jus de citrons jaune et vert**

Dans une marmite ou un plat à fondue, mettre les shiitakés séchés et le kombu dans 2 litres d'eau. Laisser reposer pendant 1 heure.

Préparer les légumes : éplucher les carottes et les navets. Couper tous les légumes de sorte qu'on puisse directement les déguster sans avoir à les couper après la cuisson. Trancher les filets de merlan en lamelles d'environ 1 cm d'épaisseur.

Porter le bouillon à ébullition et y ajouter le poireau, les navets et les carottes. Cuire environ 20 minutes à petit feu, à couvert. Disposer ensuite le chou chinois et le poisson dans le bouillon et faire cuire encore 10 minutes.

Préparer la sauce en mélangeant la sauce soja et le jus des citrons ; la répartir dans quatre bols. Chaque convive trempera les légumes et le poisson dans son bol, agrémenté d'un peu de daïkon râpé. On pourra déguster le bouillon à la fin du repas.

teriyaki de rascasse

Pour **4 personnes**
Préparation **15 minutes**
Marinade **30 minutes**
Cuisson **10 minutes**

400 g de **filet de rascasse**
4 c. à s. de **radis blanc**, râpé (daïkon)
huile d'olive

Pour la sauce teriyaki
5 c. à s. de **sauce soja**
3 c. à s. de **saké**
1 c. à s. de **mirin**
1 c. à s. de **sucre**

Préparer la sauce teriyaki en faisant chauffer tous les ingrédients dans une casserole sur feu doux. Faire réduire et quand le mélange commence à épaissir, retirer du feu et laisser refroidir.

Mettre les filets de poisson dans un plat et les arroser de sauce. Laisser mariner au moins ½ heure au réfrigérateur.

Faire chauffer l'huile dans une poêle et saisir les filets de rascasse pendant 2 minutes environ de chaque côté. Arroser de sauce et faire cuire encore 1 minute.

Note : la sauce teriyaki est très populaire au Japon et elle accompagne aussi bien les poissons que les viandes ou même les légumes. Vous pouvez la préparer à l'avance en plus grande quantité et la garder jusqu'à un mois dans le réfrigérateur.

cassolette de loup aux champignons

Pour **4 personnes**
Préparation **5 minutes**
Cuisson **15 minutes**

320 g de **filet de loup** (ou bar)
300 g de **pleurotes**
300 g de **shiitakés**
200 g d'**enoki**
5 c. à s. de **sauce soja**
3 c. à s. de **mirin**
3 c. à s. d'**huile d'olive**
1 **citron vert**

Préchauffer le four à 200 °C.

Préparer tous les champignons en retirant leurs bouts terreux (éviter de les rincer pour ne pas les gorger d'eau). Couper chaque filet de loup en 4 à 6 morceaux.

Disposer les champignons et le poisson dans une cocotte allant au four. Arroser de sauce soja, de mirin et d'huile d'olive. Couvrir et faire cuire au four environ 15 minutes. Déguster avec une pointe de jus de citron.

Note : ces petits champignons, appelés enoki, deviennent fondants à la cuisson et sont très doux au palais. On peut les acheter dans les épiceries asiatiques.

riz, pâtes et tofu

temaki-sushi

Pour **4 personnes**
Préparation **20 minutes**
Cuisson **15 minutes**
(+ cuisson du riz à sushis)

riz vinaigré pour sushis (suivre les quantités et la préparation page 26)
350 g de **filet** ou de **pavé de saumon** très frais
3 **œufs bio**
2 poignées de **roquette**
½ **concombre** épluché, épépiné et coupé en bâtonnets
1 **avocat** épluché, dénoyauté et coupé en fines lamelles
8 feuilles **nori**, chacune coupée en quatre
sauce soja (quantité selon ses goûts)
wasabi (quantité selon ses goûts)

Préparer les crêpes d'œuf en suivant la recette page 30. Superposer les crêpes sur une planche et les couper en 6 parts (comme une tarte).

Retirer la peau et les arêtes du saumon ainsi que toutes les parties grises souvent présentes sous la peau. Couper en fines lamelles d'environ 1 cm d'épaisseur.

Mettre le saumon, le concombre, l'avocat, les crêpes d'œuf et la roquette sur un plat de service. Présenter avec le riz dans un autre plat et les feuilles de nori sur une assiette. Chacun se confectionnera son propre rouleau.

Note : c'est un plat très ludique et très facile à préparer où chaque convive se prépare son petit rouleau en commençant par étaler l'équivalent d'une cuillère à soupe de riz sur le carré de nori, puis en rajoutant les autres ingrédients selon ses envies. Ensuite, on referme les rouleaux qu'on dégustera après les avoir trempés dans la sauce soja mélangée à une pointe de wasabi. Le succès auprès de vos amis est garanti !

sushis aux légumes

Pour **4 personnes**
Préparation **30 minutes**
Cuisson **10 minutes**
(+ cuisson du riz à sushis)

riz vinaigré pour sushis (suivre les quantités et la préparation page 26)
4 **shiitakés** frais
1 **tomate** pelée
½ **échalote** émincée
2 brins de **ciboulette** ciselés
½ **poivron jaune**
½ **poivron rouge**
½ **courgette**
1 c. à c. de **gingembre** râpé
½ feuille de **nori** coupée en 4 bandes
sauce soja (quantité selon ses goûts)
wasabi (quantité selon ses goûts)

Éplucher les poivrons à l'aide d'un économe. Les épépiner et les couper chacun en 4 lamelles. Couper la courgette en fines lamelles. Retirer le pied des shiitakés. Cuire tous ces légumes à la vapeur (environ 10 minutes).

Préparer la concassée de tomate en mélangeant la tomate coupée en tout petits dés, l'échalote et la ciboulette.

Former 20 petites boulettes de riz (tremper légèrement vos mains dans l'eau pour éviter au riz de coller). Poser sur chacune une tranche de légume. Déposer une pointe de gingembre sur les shiitakés. Pour le sushi à la tomate, entourer la boulette de riz d'une bande de nori qu'on fera coller avec un peu d'eau. Remplir le cylindre obtenu de concassée de tomate.

Déguster avec la sauce soja relevée d'une pointe de wasabi.

sushis surprise

Pour **4 personnes**
Préparation **20 minutes**
Cuisson **13 minutes**
(+ cuisson du riz à sushis)

Riz vinaigré pour sushis au vinaigre balsamique (suivre les quantités et la préparation page 26)
4 **crêpes d'œufs** (page 30)
100 g de **petits pois** déjà écossés
100 g de petites **crevettes** cuites, décortiquées
8 brins de **ciboulette** (pour fermer les bourses)
sel

Cuire les petits pois 5 minutes dans de l'eau bouillante salée. Les égoutter et les rajouter au riz vinaigré avec les crevettes. Mélanger et former 8 boulettes. Poser une boulette de riz au milieu de chaque crêpe d'œuf et fermer la crêpe en aumônière avec un brin de ciboulette.

Note : au Japon, l'emballage est d'une grande sophistication. Le contenant tout autant que le contenu se doit d'être beau et harmonieux. C'est donc tout naturellement qu'on retrouve cet art du pliage dans la cuisine avec, par exemple, ces petits sushis joliment fagotés !

domburi de ratatouille

Pour **4 personnes**
Préparation **15 minutes**
Cuisson **32 minutes**

riz rond cuit (suivre les quantités et la préparation page 24)
4 **œufs bio** (à température ambiante)
2 grosses **tomates** coupées en dés
1 **aubergine** coupée en petits dés
2 **courgettes** coupées en petits dés
1 **oignon** pelé et émincé
1 feuille de **laurier**
2 poignées de **roquette**
huile d'olive

Pour l'assaisonnement
2 ½ c. à s. de **sauce soja**
2 ½ c. à s. de **vinaigre balsamique**

Dans une casserole, faire revenir dans l'huile d'olive l'oignon pendant 2 minutes, puis ajouter les tomates, l'aubergine et les courgettes. Laisser mijoter à feu doux pendant 30 minutes avec la feuille de laurier.

Pendant ce temps, préparer les œufs : les mettre dans un grand bol et verser dessus de l'eau bouillante (les œufs doivent être complètement recouverts d'eau), couvrir et laisser cuire pendant 15 minutes.

Répartir le riz cuit dans quatre bols. Recouvrir de ratatouille. Casser un œuf dans chaque bol. Décorer de roquette et arroser de sauce.

Note : au Japon, ces œufs sont cuits dans les onsens qui sont des sources d'eau chaude volcaniques dans lesquelles les Japonais se baignent pour se relaxer. Les œufs sont ainsi cuits lentement dans une eau à température de bain, ce qui donne un moelleux exceptionnel au blanc d'œuf.

chirashi-sushi

Pour **4 personnes**
Préparation **15 minutes**
Cuisson **15 minutes**
(+ cuisson du riz à sushis)

riz vinaigré pour sushis (suivre les quantités et la préparation page 26)
300 g de **filet** ou de **pavé de saumon** très frais
1 grosse poignée de **roquette**
4 gros **champignons de Paris**
4 **œufs** bio
sauce soja (quantité selon ses goûts)
wasabi (quantité selon ses goûts)

Préparer les crêpes d'œuf en suivant la recette page 30. Superposer les crêpes sur une planche et les couper en fines lamelles.

Préparer les œufs : les mettre dans une casserole d'eau froide, les mettre sur feu moyen et compter 9 minutes de cuisson à partir de l'ébullition.

Retirer la peau et les arêtes du saumon. Le couper en fines lamelles d'environ 1 cm d'épaisseur.

Retirer les pieds terreux des champignons et les émincer en fines lamelles.

Mettre le riz vinaigré dans un grand bol de service. Disposer joliment les lamelles d'œuf, la roquette, les champignons et le saumon sur le riz.

Au moment de déguster, chacun se servira dans son bol et mélangera dans une coupelle une petite quantité de sauce soja et de wasabi pour en arroser son bol.

ochazuke

Pour **4 personnes**
Préparation **5 minutes**

riz rond cuit (suivre les quantités et la préparation page 24)
80 cl de **thé vert** japonais
100 g de **filet de saumon**
1 petite poignée de **roquette**
2 c. à s. de **sauce soja**
4 c. à s. de **gomashio** de sésame noir
1 pointe de **wasabi**

Couper le saumon en lamelles d'environ 1 cm d'épaisseur.

Répartir le riz dans quatre bols, garnir de poisson, puis verser le thé vert bien chaud qui va légèrement cuire le saumon. Arroser de sauce soja.

Décorer de roquette ciselée et de gomashio et déguster avec une pointe de wasabi.

Note : « ochazuke » signifie « avec du thé ». C'est un plat très populaire au Japon qu'on déguste en fin de repas en petite quantité ou en plat complet pour un repas très léger, sans matières grasses. Vous l'aurez compris, c'est un plat très bon pour la santé et qui a le grand avantage d'utiliser les restes de riz.

thon don

Pour **4 personnes**
Préparation **5 minutes**
Repos **30 minutes**

riz vinaigré pour sushis (suivre les quantités et la préparation page 26)
300 g de **thon** coupé en gros dés
2 **avocats** pelés et coupés en gros dés
2 c. à s. de **graines de sésame** grillées

Pour la marinade au soja
4 c. à s. de **sauce soja**
3 c. à s. de **mirin**
1 pointe de **wasabi**

Dans un récipient, mélanger le thon avec tous les ingrédients de la marinade et laisser reposer au réfrigérateur pendant 30 minutes.

Ajouter les dés d'avocat. Bien enrober de sauce. Répartir le riz dans quatre bols et garnir du mélange thon-avocat.

Décorer de graines de sésame.

Note : vu aujourd'hui l'état de la réserve mondiale de thon, il faut voir cette recette comme un plat de fête non comme un plat à cuisiner trop fréquemment. Dégustons-le donc en pleine conscience mais il est difficile pour des Japonais, qui sont de très loin les plus gros consommateurs au monde de thon, de modifier des habitudes si délicieuses.

makis

Pour **12 makis**

vert & rouge

1 bol de **riz vinaigré pour sushis** (page 26)
2 feuilles de **nori**
1 poignée de **roquette**
½ **betterave**

Éplucher la betterave et la tailler en très fins bâtonnets. Suivre les étapes de préparation des makis décrites page 28 en garnissant le riz de bâtonnets de betterave et de roquette.

aux graines germées

1 bol de **riz à sushis au vinaigre balsamique** (page 26)
2 feuilles de **nori**
1 **avocat** coupé en bâtonnets
8 feuilles de **basilic**
8 feuilles de **menthe**
2 c. à s. de **gomashio**
1 poignée de **chou rouge**, germé

Suivre les étapes de préparation des makis décrites page 28 en garnissant le riz de graines germées, de gomashio, d'herbes puis d'avocat.

au saumon

1 bol de **riz vinaigré pour sushis** (page 26)
2 feuilles de **nori**
100 g de **filet de saumon** coupé en bâtonnets
2 **œufs** bio
1 c. à s. de **mirin**
1 pincée de **sel**
½ **concombre** pelé, épépiné et coupé en bâtonnets
6 feuilles de **shiso**

Préparer une omelette japonaise en mélangeant les œufs, le mirin et le sel, puis en suivant la préparation page 30. Suivre les étapes de préparation des makis décrites page 28.

PREPARED WASABI IN TUBE
S&B
WASABI
PREPARED WASABI IN TUBE
わさび
ねり

onigiri méditerranéen

Pour **8 triangles**
Préparation **10 minutes**

riz rond cuit (page 24)
sel fin, **poivre** du moulin

Brousse et basilic
40 g de **brousse** environ
12 feuilles de **basilic** ciselées

Nori, sésame et parmesan
½ feuille de **nori**, coupée en 4 bandes de même largeur
10 g de **graines de sésame** grillées
20 g de **parmesan** râpé
1 c. à s. d'**huile de sésame**

Prendre deux grands bols et y répartir le riz cuit.

Dans le premier bol, ajouter le basilic, 2 pincées de sel et du poivre. Mélanger. Ajouter ensuite les dés de brousse en les répartissant délicatement dans le bol (attention de ne pas trop les écraser).

Dans le second bol, ajouter l'huile de sésame, les graines de sésame, le parmesan, 1 pincée de sel et du poivre. Mélanger.

Mouiller ensuite ses mains, saupoudrer un peu de sel sur ses mains mouillées et prendre une dose de riz (dans chaque bol, il y a quatre doses). Compacter le riz entre les mains pour obtenir un triangle (l'astuce est de tourner le triangle entre ses mains de façon à avoir une pression homogène sur les trois bords du triangle mais attention à ne pas trop compresser le riz, il ne doit surtout pas être écrasé).

Ajouter, à la fin, une bande de nori à la base du triangle.

Note : le « onigiri » est le sandwich japonais. Ces triangles de riz sont accommodés de plusieurs façons (en général des restes) et constituent un casse-croûte idéal.

onigiri en folie

Pour **2 onigiri** de chaque sorte

1 portion de **riz vinaigré** (page 26)

Pour réaliser les onigiri, mélanger les ingrédients (sauf les feuilles de shiso ou de nori, le jambon et la crêpe d'œuf) avec le riz. À défaut de moule à onigiri, commencer par mouiller ses mains puis former un premier triangle avec la moitié du mélange. Recommencer avec le reste du mélange. Garnir des différents ingrédients suivants.

1. onigiri au shiso

2 feuilles de **shiso**
2 c. à s. de **gomashio**
2 c. à s. de **paillettes d'algue**

2. onigiri aux crevettes

1 c. à s. de petites **crevettes** cuites et décortiquées
1 c. à s. de **petits pois** cuits

3. onigiri au uméboshi

2 **uméboshis**
½ feuille de **nori**

4. onigiri aux œufs de saumon

2 c. à s. d'**œufs de saumon**
½ feuille de **nori**
Couper la feuille de nori en 2 lamelles.

5. onigiri au saumon caramélisé

2 morceaux de **saumon** caramélisé (page 188) et coupé en petits morceaux
1 c. à s. de **paillettes d'algue**

6. onigiri au jambon

1 tranche de **jambon** coupée en deux
1 c. à s. de **graines de sésame noir**

7. onigiri au gingembre

6 lamelles de **gingembre vinaigrés**
1 c. à s. de **graines de sésame noir**
Émincer les lamelles de gingembre.

8. onigiri rouge & noir

2 c. à c. de **paprika**
½ feuille de **nori**
Couper la feuille de nori en 2 lamelles.

9. onigiri à l'œuf

2 **crêpes d'œuf** (voir recette page 30)
1 c. à s. de **gomashio** (voir recette page 38)
2 c. à s. de **paillettes d'algue**

sauté de riz rouge

Pour **4 personnes**
Préparation **15 minutes**
Cuisson **20 minutes**
Repos **10 minutes**

400 g de **riz rond semi-complet**
50 g de **riz noir**
160 g de **tofu ferme** coupé en petits dés
2 gousses d'**ail** pelées, dégermées et émincées
2 **échalotes** pelées et émincées
1 poignée de **noix de cajou**
3 c. à s. d'**huile de sésame**
½ bouquet de **persil** ciselé
sel et **poivre**

Faire cuire le riz : commencer par mélanger les grains de riz semi-complet et noir, puis suivre les indications pour la cuisson à la japonaise page 24.

Dans un wok, faire revenir les noix de cajou dans 1 cuillère à soupe d'huile de sésame, en remuant sans cesse. Dès qu'elles commencent à brunir, retirer du feu et réserver dans un bol.

Dans le même wok, mettre le reste d'huile et faire revenir à feu vif l'ail, les échalotes et le tofu, en remuant. Dès que le tofu commence à brunir, ajouter le riz cuit, le persil et les noix de cajou. Bien mélanger. Saler et poivrer à sa convenance.

Note : le riz sauté est assez populaire au Japon, mais c'est une méthode de cuisson qui a des influences chinoises. Cette recette a même des inspirations thaïlandaises puisque c'est là que j'ai goûté pour la première fois des noix de cajou sautées avec du riz. Là encore, le reste du riz de la veille fait parfaitement l'affaire !

riz rouge aux herbes

Pour **4 personnes**
Préparation **5 minutes**
Cuisson **15 minutes**
Repos **10 minutes**

400 g de **riz rond semi-complet**
50 g de **riz noir**
70 cl d'**eau**
1 bouquet de mélange de **coriandre**, **basilic**, **persil**
1 c. à c. de **fleur de sel**

Faire cuire le riz : commencer par mélanger les grains de riz semi-complet et noir, puis suivre les indications pour la cuisson à la japonaise page 24.

Ciseler les feuilles des herbes.

Une fois cuit, mettre le riz dans le bol de service et ajouter les herbes et le sel. Mélanger délicatement. Servir, accompagné d'un poisson ou d'une poêlée de légumes.

Note : ce riz peut être dégusté tout seul, auquel cas, on peut y ajouter quelques gouttes d'huile d'olive qui feront exploser toutes les saveurs des herbes. En boulette, il fera un délicieux en-cas. En sushi, il se mariera parfaitement aux poissons blancs (daurade ou cabillaud, par exemple).

tortilla de hijiki

Pour **4 personnes**
Préparation **15 minutes**
Cuisson **10 à 15 minutes**

2 bols de **riz rond** cuit (prendre la moitié des quantités page 24 et suivre la préparation)
20 g de **hijiki séché**
2 **oignons nouveaux**
120 g de **pois mange-tout**
4 **œufs bio**
5 cl de **bouillon dashi** (voir préparation page 32)
3 c. à s. de **saké**
2 c. à s. de **sucre**
3 c. à soupe de **mirin**
3 c. à s. de **sauce soja**
1 c. à s. d'**huile d'olive**

Faire tremper les hijikis 10 minutes dans un bol d'eau. Égoutter.

Préparer les pois mange-tout en enlevant leurs fils et en les coupant en six.

Dans une poêle, faire revenir les hijikis et les oignons nouveaux émincés dans l'huile d'olive pendant 5 minutes. Ajouter le riz et les pois mange-tout, faire sauter encore quelques minutes.

Dans un bol, mélanger les œufs, le bouillon dashi, le saké, le sucre, le mirin et la sauce soja, puis ajouter les ingrédients de la poêle. Verser le quart du contenu du bol dans la poêle. Laisser cuire 4 à 5 minutes jusqu'à ce que le mélange d'œuf soit pris. Retourner la tortilla et laisser cuire cuire 2 à 3 minutes jusqu'à ce que le mélange d'œufs soit pris. Faire glisser la tortilla sur une planche.

Procéder de même pour les trois autres tortillas. Couper des parts puis servir.

raviolis shiso & uméboshi

Pour **24 raviolis**
Préparation **30 minutes**
Cuisson **15 minutes**

24 feuilles de **raviolis chinois aux œufs**
400 g d'**épinards** frais
120 g de **tofu ferme** égoutté
3 **échalotes** épluchées
15 feuilles de **shiso**
les feuilles de ½ bouquet de **coriandre**
2 c. à s. de **pâte de uméboshi** (prune salée)
4 c. à s. d'**huile d'olive**
4 c. à s. de **lait de riz** (ou de lait)
sel, **poivre**

Mettre les épinards dans une grande poêle. Faire cuire à feu moyen quelques minutes (les épinards doivent être fondants). Égoutter, laisser tiédir et enlever tout l'excès d'eau en pressant avec ses mains.

Faire revenir les échalotes dans un peu d'huile d'olive, ajouter le tofu coupé en gros cubes. Faire revenir 5 minutes, sans cesser de mélanger. Saler, poivrer.

Passer au mixeur les épinards, le tofu, les échalotes, la moitié des herbes, du sel et du poivre.

Sur le centre de chaque feuille de ravioli mettre une cuillère à soupe de ce mélange. Badigeonner deux des bords du carré d'un peu d'eau. Fermer en triangle.

Préparer la sauce : mixer l'huile d'olive, la pâte de uméboshi, le lait et le reste des herbes. Vérifier l'assaisonnement (attention, le uméboshi est très salé). Cuire les raviolis dans de l'eau bouillante salée pendant 1 minute dès la reprise de l'ébullition. Égoutter, disposer sur des assiettes et napper de sauce au uméboshi.

yakisoba

Pour **4 personnes**
Préparation **15 minutes**
Cuisson **8 minutes**

- 300 g de **nouilles chinoises** cuites
- 200 g de **calamars** coupés en anneaux
- 2 **oignons nouveaux**
- 4 poignées d'**épinards**
- 1 poignée de **pois mange-tout**
- 2 petites **carottes**
- 2 c. à s. d'**huile de sésame**
- 8 lamelles de **gingembre vinaigré**, émincées
- 1 feuille de **nori** coupée en lamelles (voir réaliser des lamelles de nori page 35)

Pour la sauce

- 2 gousses d'**ail** dégermées et écrasées
- 2 cm de **gingembre** pelé
- 10 cl de **sauce soja**
- 10 cl de **mirin**
- 2 c. à s. de **sucre brun**

Commencer par préparer la sauce : passer tous les ingrédients au mixeur pour obtenir une sauce homogène.

Préparer ensuite les légumes : émincer les oignons, peler et couper les carottes en fines lamelles, couper les pois mange-tout en deux dans la longueur.

Dans un wok, faire revenir à l'huile les oignons, les carottes, les pois mange-tout et les anneaux de calamar, en remuant sans cesse pendant 4 à 5 minutes. Ajouter les nouilles et faire sauter encore 2 minutes, puis incorporer la sauce et les épinards. Bien enrober tous les ingrédients de sauce.

Décorer de gingembre vinaigré et de lamelles de nori.

Note : le yakisoba (« yaki » signifie grillé) est un plat populaire que l'on trouve souvent lors des Matsuri (fêtes foraines d'été). On y vient en famille ou entre amis, vêtu du yukata (kimono d'été) pour passer de stand en stand se délecter de petits plats à manger sur le pouce.

deco soba

Pour **4 personnes**
Préparation **15 minutes**
Cuisson **15 minutes**

400 g de **soba**
4 **œufs**
1 poignée de **pois gourmands**
1 petit **concombre**
2 **tomates**
8 feuilles de **shiso** (à défaut, utiliser de la **coriandre**)

Pour l'assaisonnement
5 c. à s. d'**huile de sésame**
5 c. à s. de **sauce soja**
5 c. à s. de **ume su** (vinaigre de prune)

Battre les œufs dans un bol et réaliser des crêpes d'œuf en suivant la préparation détaillée page 30. Superposer les crêpes et les couper en fines lamelles.

Couper le concombre en fins bâtonnets et les tomates en fines lamelles.

Cuire les soba dans un grand volume d'eau bouillante selon les indications du paquet (compter environ 5 minutes). Les égoutter, les rincer à l'eau froide (sinon, elles vont coller entre elles) et les égoutter de nouveau.

Mélanger tous les ingrédients de l'assaisonnement. Dans des assiettes, répartir les nouilles et les légumes puis arroser de sauce.

soba à la crème de sésame

Pour **4 personnes**
Préparation **20 minutes**
Cuisson **15 minutes**

400 g de **soba**
2 **courgettes** émincées en bâtonnets
2 **carottes** pelées et émincées en bâtonnets
2 **oignons nouveaux** émincés
60 cl de **bouillon dashi** (voir préparation page 32)
8 c. à s. de **sauce soja**
1 c. à s. d'**huile de sésame**
12 c. à s. (12 cl) de **pâte de sésame** (tahini)
2 gousses d'**ail**
1 brin de **coriandre**
½ c. à s. de **sésame noir**

Préparer la sauce : dans une casserole, chauffer le dashi et la sauce soja à la limite de l'ébullition. Dans un mortier, écraser l'ail pelé et dégermé. Ajouter la pâte de sésame et 4 cuillères à soupe de bouillon. Bien mélanger pour obtenir une consistance lisse. Puis ajouter, petit à petit, le bouillon en mélangeant bien pour garder une consistance lisse (un peu comme lorsqu'on prépare une mayonnaise).

Cuire les soba dans une casserole d'eau bouillante selon les indications du paquet (en général, 5 minutes de cuisson). Égoutter.

Pendant ce temps, dans une poêle, faire revenir les oignons dans un peu d'huile de sésame à feu vif, sans cesser de remuer. Ajouter les légumes au bout de 1 minute. Faire encore revenir 3 minutes. Saler et poivrer.

Dans des bols, répartir les soba, napper de sauce au sésame. Ajouter la poêlée de légumes. Décorer de feuilles de coriandre et de sésame.

Note : le « tahini » est une purée de sésame que l'on trouve dans tous les magasins bio. Son utilisation est très fréquente au Japon dans les sauces, diluée dans du bouillon et ensuite relevée de sauce soja. On obtient ainsi un mélange onctueux au goût subtil. Le tahini peut également être utilisé dans des préparations sucrées, notamment dans les cakes ou les tartes.

chaud-froid de somen

Pour **4 personnes**
Préparation **15 minutes**
Cuisson **5 minutes**

400 g de **somen** (à défaut, utiliser des spaghettis)
2 **courgettes** émincées en bâtonnets
2 **carottes** pelées et émincées en bâtonnets
2 grosses poignées de **fèves** écossées
2 gousses d'**ail** pelées et émincées
2 **tomates**
les feuilles de 2 brins de **coriandre** et de 2 brins de **basilic**
1 c. à s. d'**huile de sésame** pour la cuisson

Pour la vinaigrette
3 c. à s. d'**huile d'olive**
3 c. à s. d'**huile de sésame**
3 c. à s. de **vinaigre balsamique**
3 c. à s. de **sauce soja**

Dans un wok, faire revenir l'ail, les carottes, les courgettes et les fèves dans l'huile de sésame, en remuant sans cesse pendant 3 minutes à feu très vif.

Cuire les nouilles somen en suivant les indications du paquet (en général 1 à 2 minutes dans l'eau bouillante). Égoutter, rincer à l'eau froide pour éviter qu'elles ne collent, puis égoutter de nouveau.

Dans un plat de service, mettre les somen, les légumes et tous les ingrédients de la vinaigrette. Bien mélanger puis servir.

Note : les fèves sont des légumineuses qui, dans toutes les traditions, permettaient d'obtenir les acides aminés essentiels pour nos besoins en protéines. En combinant ¼ de légumineuses à ¾ de céréales, on obtient un équilibre optimal en matière de nutrition sans avoir à consommer de protéines animales. Afin de faciliter leur digestion, je vous conseille de faire tremper les graines toute une nuit dans l'eau et d'enlever ensuite leur fine peau avant la cuisson.

somen à la grecque

Pour **4 personnes**
Préparation **10 minutes**
Cuisson **3 minutes**

400 g de **somen**
2 **tomates**
½ **concombre**
80 g de **feta**
10 feuilles de **basilic** ciselées
6 c. à s. d'**huile d'olive**
2 c. à s. de **ume su**

Couper les tomates en fines lamelles, le concombre et la feta en bâtonnets.

Cuire les somen 2 à 3 minutes dans de l'eau bouillante. Égoutter et rincer abondamment à l'eau froide. Égoutter de nouveau.

Mélanger tous les ingrédients dans un saladier et servir frais.

Note : les somen sont des nouilles de blé servies froides en été. Leur finesse en fait un mets délicat lors des grandes chaleurs. Elles se dégustent traditionnellement trempées dans une sauce froide à base de soja. Mais, personnellement, je les trouve délicieuses en salade et elles s'accommodent facilement de toute sorte de vinaigrette.

pâtes aux champignons

Pour **4 personnes**
Préparation **10 minutes**
Cuisson **15 minutes**

400 g de **spaghettis**
150 g de **shiitakés frais**
150 g de **chanterelles**
2 gousses d'**ail**
15 cl de **crème liquide**
1 c. à s. de **sauce soja**
2 c. à s. d'**huile d'olive**
½ bouquet ciselé de **persil**
1 pincée de **sel de Guérande**
sel, **poivre** du moulin

Préparer les légumes : dégermer l'ail et le couper finement, laver les champignons, enlever leurs bouts terreux et les couper en quatre. Ciseler les feuilles de persil.

Dans une poêle, faire revenir l'ail et les champignons dans l'huile d'olive pendant 3 minutes. Ajouter la sauce soja et la crème liquide, couvrir et laisser cuire encore 3 minutes.

Cuire les spaghettis dans un grand volume d'eau salée. Égoutter et mélanger à la sauce aux champignons. Ajouter le persil, le sel et du poivre.

spaghettis avocat & nori

Pour **4 personnes**
Préparation **5 minutes**
Cuisson **8 minutes**

400 g de **spaghettis**
2 **avocats**
2 feuilles de **nori**
2 c. à s. de **gomashio**
(voir page 38)
4 c. à s. d'**huile d'olive**
sel

Couper la chair des avocats en petits dés. Ciseler le nori en fines lamelles (voir réaliser des lamelles de nori page 35).

Cuire les spaghettis selon les indications du paquet dans un grand volume d'eau salée. Égoutter.

Mettre dans un plat avec l'huile d'olive, le gomashio et les dés d'avocat. Décorer de lamelles de nori.

tofu au pesto vert

Pour **4 personnes**
Préparation **10 minutes**
Cuisson **5 minutes**

140 g de **tomates cerises**
2 gousses d'**ail** pelées et émincées
200 g de **tofu ferme** égoutté et coupé en gros cubes
1 c. à s. d'**huile d'olive**
1 pincée de **sel**

Pour le pesto vert
5 c. à s. d'**huile d'olive**
10 grandes feuilles de **basilic**
30 g de **parmesan**
20 g de **noix de cajou** (à défaut, utiliser des **pignons de pin**)
1 pincée de **sel**

Dans une poêle, faire revenir l'ail et le tofu dans 1 cuillère à soupe d'huile d'olive pendant 5 minutes environ.

Arrêter le feu, saler et ajouter les tomates cerises coupées en deux.

Passer au mixeur tous les ingrédients du pesto. Mettre le tofu et les tomates cerises dans un saladier, puis ajouter le pesto.

Note : le tofu est aussi appelé le « steak végétarien » car c'est un aliment issu du soja, à forte teneur en protéines. Il est énormément utilisé au Japon, et la cuisine issue des temples zen en a fait un de ses ingrédients indispensables. Cette cuisine des temples porte le nom de « Shojin Ryori » et peut se traduire par la « cuisine qui améliore le jugement ». Suivant cette tradition, l'alimentation est notre première médecine et ce que nous mangeons influence aussi notre façon de penser. Dans tous les cas, le tofu, c'est bon pour l'esprit, pour le corps et avec un peu de préparation, c'est aussi délicieux pour le palais !

tofu steak

Pour **4 personnes**
Préparation **10 minutes**
Cuisson **30-35 minutes**

400 g de **tofu ferme** égoutté
400 g d'un mélange de **champignons** selon la saison (shiitakés, pleurotes, chanterelles…)
15 cl de **bouillon dashi** (voir préparation page 32), à défaut, utiliser du **bouillon de légumes**
3 c. à s. de **sauce soja**
3 c. à s. de **mirin**
4 petites noisettes de **beurre**
1 c. à s. d'**huile d'olive**
4 brins de **ciboulette** ciselés

Préparer la sauce : mettre le bouillon dashi, la sauce soja et le mirin dans une casserole et faire chauffer à feu doux jusqu'à ce que le liquide réduise de moitié (à peu près 20 minutes).

Couper le tofu en 4 tranches, équeuter les champignons et les couper en deux ou en quatre.

Dans une poêle, faire revenir les champignons dans l'huile d'olive pendant 5 minutes. Réserver.

Remettre de l'huile dans la poêle et faire cuire les steaks de tofu 3 minutes de chaque côté. Déglacer avec la sauce, ajouter les champignons.

Transvaser le tout dans un plat creux de service. Mettre une petite noix de beurre sur chaque steak. Décorer de ciboulette.

Note : le tofu a cette qualité d'être un aliment assez neutre qui prend le goût qu'on lui donne et qu'on peut associer à toutes les saveurs (salé, acide, épicé, amer, sucré). Dans cette recette, le tofu s'imprègne du parfum délicat des champignons. Un vrai voyage initiatique pour ceux qui veulent découvrir les vertus du tofu.

tofu

Pour **4 personnes**

à l'huile d'olive et wasabi

200 g de **tofu soyeux**,
égoutté (voir page 36)
2 c. à s. d'**huile d'olive**
½ c. à c. de **wasabi**
2 pincées de **fleur de sel**

Mettre le tofu égoutté et coupé en quatre morceaux dans un plat de service. Arroser d'huile d'olive et saupoudrer de fleur de sel. Décorer d'une pointe de wasabi et déguster.

au gingembre

200 g de **tofu soyeux** (voir page 36)
1 ½ c. à s. de **sauce soja**
1 c. à s. de **daïkon** pelé et râpé
1 c. à c. de **gingembre** pelé et râpé
2 feuilles ciselées de **shiso**

Mettre le tofu égoutté et coupé en quatre dans des petits bols. Décorer de daïkon, de gingembre et de shiso. Arroser de sauce soja.

aux herbes

200 g de **tofu soyeux** (page 36)
Herbes selon ses envies (coriandre, ciboulette, menthe, persil, shiso…)
1 c. à s. d'**huile d'olive**
½ c. à s. de **vinaigre balsamique**

Mettre le tofu égoutté dans un plat de service. Recouvrir d'herbes ciselées. Arroser d'huile et de vinaigre. Déguster.

agedashi dofu

Pour **4 personnes**
Préparation **15 minutes**
Cuisson **15 minutes**

400 g de **tofu soyeux**, égoutté (voir préparation page 36)
3 c. à s. de **Maïzena**
huile végétale pour la friture
20 cl de **bouillon dashi** (voir préparation page 32)
2 c. à s. de **sauce soja**
2 c. à s. de **mirin**
1 pincée de **sel**
4 c. à s. de **radis blanc**, râpé (daïkon)
1 c. à s. de **gingembre** râpé

Préparer la sauce : mettre le bouillon dashi, la sauce soja, le mirin et le sel dans une casserole, faire réduire à feu doux pendant 10 minutes environ.

Chauffer l'huile à 190 °C (mettre des baguettes en bois dans l'huile, s'il se forme des bulles autour, l'huile est suffisamment chaude). Couper le tofu bien égoutté en quatre. Les enrober de Maïzena et les frire jusqu'à ce qu'ils prennent une belle coloration brune. Égoutter sur du papier absorbant.

Répartir dans des bols, arroser de sauce et décorer de daïkon et de gingembre râpés.

Note : ce plat très répandu au Japon est une tradition des Izakaya ou bars à tapas japonais, dans lesquels on commande plusieurs petits plats qui seront picorés tout en dégustant de la bière ou du saké. Une véritable immersion dans le Japon populaire !

palets aux herbes

Pour **4 personnes** (8 palets)
Préparation **20 minutes**
Cuisson **15 minutes**

400 g de **tofu ferme**, égoutté
2 **carottes**
200 g d'**épinards**
1 bouquet d'**herbes mélangées** (persil, coriandre, menthe, ciboulette)
3 c. à s. de **sauce soja**
1 c. à s. d'**huile d'olive**
3 c. à s. de **levure maltée**
3 c. à s. de **farine**
sel, **poivre**

Cuire les épinards 5 minutes dans une poêle sans matières grasses. Bien égoutter.

Mixer le tofu avec les herbes, les carottes et les épinards. Saler, poivrer. Former les palets (environ 8).

Dans une assiette, mélanger la levure maltée avec l'huile d'olive et la sauce soja. Dans une seconde assiette, mettre la farine. Enrober chaque palet du mélange soja-levure-huile d'olive dans un premier temps puis de farine.

Faire revenir dans une poêle environ 5 minutes de chaque côté dans un peu d'huile d'olive. Servir, accompagné d'une salade verte.

poêlée de tofu au hijiki

Pour **4 personnes**
Préparation **10 minutes**
Repos **15 minutes**
Cuisson **8 minutes**

200 g de **tofu ferme**, égoutté et coupé en lamelles
15 g de **hijiki séché**
120 g de **pois mange-tout**
4 c. à s. de gomashio (voir page 38)
4 brins de **coriandre** ciselés
le **jus** de 1 **citron vert**
2 c. à s. d'**huile de sésame**
½ c. à s. de **gros sel**

Tremper les algues hijiki séchées dans un grand bol d'eau 10 à 15 minutes. Égoutter.

Couper les pois mange-tout en deux ou en trois.

Dans un wok, faire revenir le tofu, les hijiki et les pois mange-tout dans l'huile de sésame et le gros sel à feu vif pendant 5 à 8 minutes, sans cesser de remuer.

Retirer du feu, ajouter le jus de citron, le gomashio et la coriandre.

Note : le hijiki est une algue japonaise de petite taille qui parfume agréablement vos plats. Il est particulièrement riche en minéraux. Comme on l'achète séché, il est nécessaire de le faire tremper 10 à 15 minutes dans l'eau avant toute utilisation (il va ainsi au moins doubler de volume). Il doit ensuite être cuit, sauté comme dans cette recette ou mijoté.

bentos

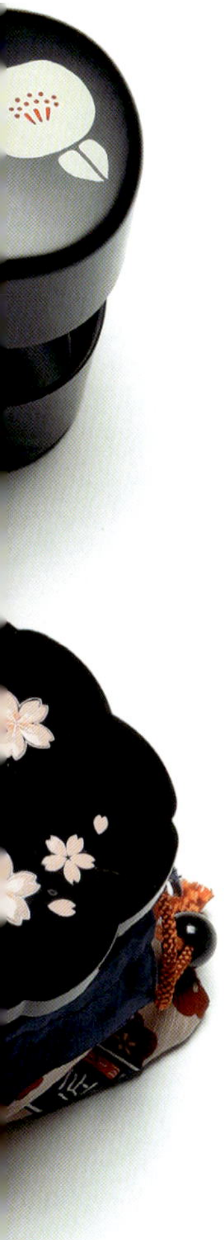

bento de printemps

Pour **2 bentos**

Onigiri printanier
200 g de **riz blanc rond**
½ **betterave** pelée
vinaigre à sushis

Fèves au citron
50 g de graines de **fèves crues**
1 c. à c. de **zeste** de **citron bio**
fleur de sel, **poivre** du moulin

Salade de cœurs
1 poignée de **mélange de jeunes pousses** (épinard, mesclun, trévise)
4 **radis** coupés en fines lamelles
2 **cœurs d'assaisonnement solide** au vinaigre de framboise (page 40)

Crevettes au citron
100 g de petites **crevettes** cuites décortiquées
le **jus** et le **zeste** de 1 **citron vert**
1 c. à s. de **coriandre** ciselée
1 c. à s. d'**huile d'olive**
1 pincée de **gros sel**

1. onigiri printanier

Suivre la préparation du riz à la japonaise page 24. Cuire le riz avec le morceau de betterave qui donnera une belle couleur rosée. Former des boulettes de riz à l'aide d'un moule à sushis, sinon mouiller ses mains et prendre une dose de riz qu'on compactera entre ses mains sans trop appuyer pour éviter d'écraser les grains de riz.

2. fèves au citron

Cuire les fèves dans de l'eau bouillante salée pendant 10 minutes. Égoutter et éliminer leur fine pellicule. Mélanger les fèves et le zeste de citron. Saler et poivrer.

3. salade de cœurs

Mélanger la salade et les lamelles de radis. Décorer des « cœurs de vinaigre ». On dégustera ensuite la salade en écrasant les cœurs pour bien répartir l'assaisonnement.

4. crevettes au citron

Faire sauter les crevettes avec le gros sel 2 minutes dans une poêle huilée sur feu vif. Rajouter le jus de citron et le zeste émincé. Retirer du feu, parsemer de coriandre.

5. navets roses marinés

(voir recette page 38)

6. kiwi et mangue

bento d'été

Pour **2 bentos**

Taboulé de quinoa
120 g de **quinoa**
½ **concombre** pelé
et coupé en petits dés
1 **tomate** coupée en dés
1 **échalote** émincée
6 feuilles de **menthe** ciselées
le **jus** de 1 **citron**
3 c. à s. d'**huile d'olive**
fleur de sel, **poivre**

Terrine de courgette et feta
1 **courgette** coupée en dés
30 g de **feta** coupée en dés
2 **œufs**
5 cl de **crème fraîche**
½ **oignon** épluché
et émincé en dés
1 c. à s. d'**huile d'olive**
sel, **poivre**

Maïs grillé
1 **maïs** frais
1 **noisette** de beurre
fleur de **sel**

Clafoutis aux fruits rouges
100 g de **fruits rouges**
1 **œuf**
20 g de **beurre salé** fondu
20 g de **sucre**
20 g de **farine**
15 g d'**amandes en poudre**
5 cl de **crème liquide**

1. taboulé de quinoa

Laver le quinoa et l'égoutter. Mettre dans une casserole avec 2 fois son volume d'eau. Porter à ébullition, couvrir et cuire 10 minutes à feu doux. Mélanger tous les ingrédients. Laisser mariner au moins 1 heure avant de déguster.

2. terrine de courgette et feta

Faire revenir l'oignon dans l'huile d'olive, puis ajouter la courgette. Battre les œufs et la crème fraîche, ajouter la courgette et la feta. Saler (modérément car la feta est déjà salée) et poivrer. Cuire dans un moule à cake 30 minutes à 180 °C.

3. maïs grillé

Cuire le maïs dans l'eau bouillante salée pendant 10 minutes. Égoutter et mettre sous le gril du four 5 minutes en le tournant à mi-cuisson. Couper le maïs en morceaux. Assaisonner de beurre et de sel.

4. clafoutis aux fruits rouges

(pour 8 clafoutis)

Beurrer 8 moules, y répartir les fruits rouges. Battre l'œuf avec le sucre, le beurre et la crème. Rajouter la farine puis l'amande en poudre. Verser cette pâte sur les fruits rouges et enfourner à 180 °C pour 20 minutes.

bento d'automne

Pour **2 bentos**

Poêlée de champignons
200 g de **champignons** de saison (shiitaké, pleurote, girolle) sans leurs bouts terreux
2 brins de **persil** ciselé
huile d'olive
gros sel de Guérande, **poivre**

Saumon caramélisé
100 g de **saumon** frais, coupé en lamelles
2 c. à s. de **wakamé** séché, réhydraté 10 minutes dans l'eau
1 c. à s. de **mirin** (alcool japonais)
1 c. à s. de **sauce soja**
1 c. à s. de **sucre**
1 c. à s. de **graines de sésame**
1 c. à s. d'**huile de sésame**

Maki de crêpe au marron
1 **galette de sarrasin**
4 c. à s. de **crème de marrons**
4 c. à s. de **ricotta**

1. poêlée de champignons

Faire revenir les champignons avec le gros sel dans l'huile d'olive quelques minutes. Laisser mijoter 5 minutes environ. Poivrer et décorer de persil.

2. saumon caramélisé

Mélanger tous les ingrédients, sauf l'huile, dans un bol. Laisser mariner 15 minutes. Faire sauter à feu très vif le contenu du bol avec l'huile de sésame. Faire caraméliser quelques minutes, en remuant sans cesse.

3. maki de crêpe au marron

Étaler la ricotta sur une moitié de crêpe, puis la crème de marrons, sur l'autre moitié. Rouler la crêpe pour former un gros cigare. Couper en 6 tronçons.

4. riz cuit saupoudré de paillettes d'algue

(voir recette page 34)

5. carottes en fleur cuite à la vapeur

6. barquettes d'endive au guacamole et noix

(voir recette page 48)

bento d'hiver

Pour **2 bentos**

Sukiyaki
1 **carotte** pelée en tronçons
1 **navet** coupé en huit
1 **poireau** en tronçons
2 **shiitakés** séchés, réhydratés (garder l'eau de trempage)
100 g de **tofu** ferme, coupé en lamelles
4 tranches fines de **filet de bœuf**
4 c. à s. de **soja**
1 c. à s. de **sucre**
3 c. à s. de **mirin**

12 feuilletés de **shiitaké**
4 gros **shiitakés** nettoyés, coupés en lamelles
1 **pâte feuilletée** coupée en 12 rectangles
sésame noir, **paprika**
fleur de sel, **poivre**

6 fondants choco-noisette
20 g de **noisettes** concassées
100 g de **chocolat noir**
50 g de **beurre salé**
2 c. à s. de **crème de noisette** (dans les magasins bio)
30 g de **sucre**
2 **œufs** battus
2 c. à s. rases de **farine**

1. sukiyaki

Dans une cocotte, mettre tous les ingrédients, sauf la viande. Verser l'eau de trempage des shiitakés (qui sert de bouillon). Couvrir et laisser mijoter 20 minutes, en remuant à mi-cuisson. Ajouter la viande 1 minute avant la fin de cuisson.

2. feuilletés de shiitaké

Dans chaque bande de pâte, mettre une lamelle de shiitaké. Saler et poivrer. Rouler la pâte sur le shiitaké, saupoudrer de sésame et de paprika. Cuire dans un four à 180 °C pendant 10 minutes.

3. fondant chocolat-noisette

Faire fondre le chocolat et le beurre au bain-marie à feu doux. Hors du feu, ajouter les œufs et la crème de noisette, en fouettant. Puis incorporer le sucre, la farine et les noisettes. Transvaser dans un moule graissé. Cuire au four à 180 °C pendant 10 minutes.

4. riz cuit saupoudré de graines de sésame noir

(voir recette page 8)

5. salade de mâche avec un navet mariné et vinaigrette solide aux framboises

(voir recettes pages 38 et 40)

bento pasta

Pour **2 bentos**

Pâtes tricolores
160 g de **fusillis** cuites
3 **tomates séchées** en dés
1 **courgette** en dés
1 poignée de **roquette**
½ boule de **mozzarella** coupée en petits dés
1 c. à s. d'**huile d'olive**
½ c. à s. de **vinaigre balsamique**
fleur de sel, **poivre**

Mousse de gaspacho
1 **tomate** en quartiers
½ **poivron rouge** coupé en quatre
½ **concombre** pelé, épépiné et émincé
½ tranche de **pain de mie** coupée en six
1 c. à s. de v**inaigre balsamique**
2 c. à s. d'**huile d'olive**
4 feuilles de **basilic** ciselées
½ c. à c. de **agar-agar**

Croquant fruits secs
75 g de **farine** semi-complète (T80)
3 c. à s. d'**huile d'olive**
½ c. à c. de **sel**
20 g de **fruits secs** en dés
30 g de **noix** concassées
25 g de **sucre**

1. pâtes tricolores

Faire revenir la courgette dans un peu d'huile pendant 3 minutes. Mélanger tous les ingrédients.

2. mousse de gaspacho

(pour 4 mousses)

Mettre tous les ingrédients sauf l'agar-agar dans un bol. Laisser mariner 1 heure puis mixer. Dans une casserole, faire bouillir l'agar-agar dans 5 cuillères à soupe d'eau pendant 30 secondes. Mélanger au gaspacho. Verser dans des moules individuels. Laisser refroidir.

3. croquant aux fruits secs

(pour 20 croquants)

Préchauffer le four à 190 °C. Dans une jarre, mélanger la farine, le sucre, le sel, l'huile d'olive et 1 cuillère à soupe d'eau pour obtenir une pâte. Ajouter les noix et les fruits secs. Étaler sur un papier sulfurisé pour obtenir une épaisseur de 1 cm. Couper des formes à l'emporte-pièce. Faire cuire au four pendant 10 à 12 minutes.

4. piques de tomate cerise, mozzarella et basilic

5. dattes

sésame, ouvre-toi

Pour **2 bentos**

Riz sauté au shiitaké
2 portions de **riz complet** cuit (page 24)
8 **shiitakés**, en lamelles
80 g de **tofu** ferme, coupé en lamelles
1 gousse d'**ail**
3 c. à s. de **gomashio noir** (page 38)
2 c. à s. d'**huile de sésame**
2 c. à s. de **mirin**
gros sel, **poivre**

Salade mélangée
1 poignée de mélange de **jeunes pousses**
1 c. à s. de **raisins secs**
½ **avocat**, en dés
1 c. à s. de **gomashio**
vinaigrette : soja, huile de sésame, huile d'olive
fleur de sel, **poivre**

Crumble poires et sésame
1 **poire** coupée en fines lamelles
20 g de **farine**
15 g de **sésame**
15 g de **beurre**
2 c. à s. de **sucre**
1 pincée de **sel**

1. riz sauté au shiitaké

Faire revenir dans un wok l'ail, les champignons et le tofu avec l'huile de sésame et du gros sel pendant 5 minutes. Ajouter le riz complet et cuire encore 2 minutes. Assaisonner de mirin, de gomashio noir et de poivre.

2. salade mélangée

Mélanger tous les ingrédients. Saler et poivrer.

3. crumble poires et sésame

Dans un bol, mélanger tous les ingrédients sauf la poire afin d'obtenir une pâte friable. Mettre les lamelles de poire dans 4 ramequins, saupoudrer de pâte et cuire au four à 200 °C pendant 20 minutes.

4. radis

wok'in bento

Pour **2 bentos**

Nouilles sautées
120 g de **nouilles chinoises** sèches
3 cm de **gingembre**
1 **ciboule** émincée
50 g de **brocoli** coupé en morceaux
50 g de **mini maïs** coupé en 3
50 g de **carotte** pelée et taillée en bâtonnets
50 g de **pak-choï** coupé en quatre
20 g de **pousses de soja**
3 c. à s. de **sauce soja**
le jus de 1 **citron vert**
80 g d'**anneaux de calamar**
3 c. à s. d'**huile de sésame**
1 c. à s. de **gomashio noir** (page 38)

Asperges sautées
½ botte d'**asperges vertes**
1 c. à s. de **sauce soja**
1 c. à s. d'**huile de sésame**
½ c. à s. de **graines de sésame**

Banane sautée
1 **banane** coupée en gros morceaux
1 c. à s. d'**huile de sésame**
1 c. à s. de **graines de sésame**
½ c. à s. de **miel liquide**

1. nouilles sautées aux légumes

Cuire les nouilles 2 minutes dans un grand volume d'eau. Égoutter. Dans un wok, faire revenir le gingembre émincé et la ciboule dans 2 cuillères à soupe d'huile pendant 1 minute sur feu très vif. Ajouter tous les légumes, sauf le pak-choï, puis faire sauter 2 à 3 minutes. Ajouter enfin le pak-choï et les calamars. Faire encore sauter 2 minutes. Incorporer les nouilles, bien mélanger pendant 1 minute supplémentaire. Éteindre le feu. Ajouter la sauce soja, le jus de citron, le reste d'huile et le gomashio.

2. asperges sautées au sésame

Couper les asperges en 3 ou en 4 dans le sens de la longueur (couper et jeter la base dure). Faire sauter dans un wok huilé pendant 5 minutes puis assaisonner de soja et de graines de sésame.

3. banane sautée, sésame et miel

Faire sauter la banane avec les graines de sésame dans un wok huilé à feu vif. Quand les morceaux commencent à brunir, arrêter le feu et ajouter le miel.

4. salade mélangée

(voir recette page 194)

yakitori

Pour **2 bentos**

Yakitori
1 **blanc de poulet** coupé en 4 lanières
6 **shiitakés** nettoyés
½ **poivron rouge** pelé, coupé en carrés
½ **citron vert**
pour la sauce yakitori :
2 c. à s. de **sauce soja**
2 c. à s. de **saké**
2 c. à s. de **mirin**
1 c. à s. de **sucre brun**

Salade de wakamé
1 **navet nouveau**, pelé et coupé en lamelles
1 petit **concombre** pelé, épépiné, coupé en lamelles
20 g de **wakamé** frais, lavé et égoutté
1 c. à s. de **vinaigre de riz**
½ c. à s. de **sauce soja**
1 c. à s. de graines **de sésame**

Panna cotta de mangue au cacao
½ **mangue** pelée
10 cl de **lait d'amande**
5 cl de **crème liquide**
1 c. à s. de **sucre**
1 c. à c. rase de **agar-agar**
1 c. à s. rase de **cacao**

1. yakitori

Mettre tous les ingrédients de la sauce yakitori dans une casserole et faire chauffer à feu doux jusqu'à épaississement. Mettre le poulet et les légumes à mariner dans la sauce yakitori environ 1 heure. Faire chauffer le gril du four. Piquer les légumes et le poulet sur des piques à brochette. Mettre toutes les brochettes dans un plat et arroser de la moitié de la sauce. Griller les brochettes environ 5 minutes, les retourner, arroser de nouveau de sauce et cuire encore 3 minutes. Servir avec du citron.

2. salade de wakamé

Faire dégorger le concombre 10 minutes avec du sel. Mélanger tous les ingrédients.

3. panna cotta de mangue au cacao

Porter à ébullition le lait, le sucre et l'agar-agar. Faire bouillir 1 minute, tout en mélangeant. Passer au mixeur tous les ingrédients, sauf le cacao. Répartir dans des moules individuels. Laisser refroidir à température ambiante. Démouler et saupoudrer de cacao.

4. riz cuit et graines de sésame noir

(voir recette page 24).

bento oyako

Pour **2 bentos**

Oyako don
2 portions de **riz cuit** (page 24)
100 g de **blanc de poulet** coupé en morceaux
2 **oignons nouveaux** émincés
2 **œufs**
2 c. à s. d'**huile de sésame**
2 c. à s. de **sauce soja**
5 cl de **bouillon dashi** (page 32)
2 c. à s. de **mirin**

Salade daïkon & carotte à la coriandre
50 g de **daïkon** râpé
½ **carotte** râpée
4 brins de **coriandre** ciselés
1 c. à s. de **sauce soja**
1 c. à s. d'**huile de sésame**

Brick de pomme
1 **feuille de brick** coupée en quatre
1 **pomme** pelée, coupée en lamelles
½ c. à s. de **graines de sésame noir**
2 c. à s. de **miel**
1 c. à s. d'**huile**

1. oyako don

Faire revenir 5 minutes les oignons et le poulet dans l'huile. Dans un bol, mélanger les œufs, la sauce soja, le dashi et le mirin. Verser sur le poulet, couvrir et laisser cuire 1 minute. Répartir sur le riz dans les bentos. Décorer de tiges vertes ciselées des oignons nouveaux.

2. salade daïkon & carotte à la coriandre

Mélanger tous les ingrédients.

3. brick de pomme

Répartir les lamelles de pomme sur chaque ½ feuille de brick, saupoudrer de graines de sésame et arroser de miel. Fermer les bricks en les roulant. Badigeonner les rouleaux d'huile et enfourner 10 minutes à 190 °C.

サラダ
SALADE
親子丼
OYAKO DON
アップル パイ
BRIQUE AUX POMMES

bento teriyaki

Pour **2 bentos**

Saumon teriyaki
1 **pavé de saumon** coupé en tranches
3 c. à s. de **sauce soja**
2 c. à s. de **mirin**
1 c. à s. de **sucre**

Navet au saké
2 **navets** épluchés et coupés en dés
1 c. à s. de **saké**
1 c. à s. de **sauce soja**
½ c. à s. d'**huile d'olive**
2 brins de **coriandre** ciselés

Tartelette à la clémentine (pour 12 mini tartelettes)
1 **pâte sablée** étalée
le **jus** et le **zeste** de 2 **clémentines** (+ 1 pour la déco)
30 g de **sucre**
1 **œuf** battu
1 c. à s. de **Maïzena**

1. saumon teriyaki

Mélanger la sauce soja, le mirin et le sucre dans une casserole sur feu doux. Faire réduire et quand le mélange commence à épaissir, retirer du feu et laisser refroidir. Faire mariner le saumon dans cette sauce au moins ½ heure au frais. Poêler le saumon égoutté 1 minute de chaque côté. Arroser de sauce et faire cuire encore 1 minute.

2. navet au saké

Saisir les navets à feu vif dans un wok huilé pendant 5 minutes. Ajouter le saké et la sauce soja puis cuire encore 5 minutes en remuant de temps en temps pour faire évaporer presque tout le liquide. Décorer de coriandre ciselée.

3. tartelette à la clémentine

Couper dans la pâte étalée des cercles de la taille des moules à tartelette, les mettre dans leur moule et cuire au four 15 minutes à 180 °C. Mettre le jus et le zeste des clémentines dans une casserole. Verser le sucre, la Maïzena et l'œuf battu. Remuer et commencer à chauffer sur feu doux. Lorsque le mélange commence à s'épaissir, retirer du feu et verser sur les fonds de tarte cuits. Laisser refroidir 30 minutes au frais. Décorer d'un suprême de clémentine.

4. salade & vinaigrette solide

(voir recette page 40)

5. riz cuit à la paillette d'algue

(voir recette page 146)

sushi party

Pour **2 bentos**

Makis & sushis
2 portions de **riz vinaigré** (page 26)
sauce soja, wasabi, gingembre mariné

Makis
½ **avocat**
omelette japonaise (page 30)
2 c. à s. de **chou** germé
feuilles de **roquette**
1 c. à c. de **sésame**
2 feuilles de **nori**

Sushis
2 c. à c. d'**œufs de saumon**
½ feuille de **nori**
2 tranches d'**omelette japonaise** (page 30)
2 fines tranches de **filet de daurade** très frais
1 brin de **ciboulette** ciselé
4 fines tranches de **pavé de saumon**

Cake au matcha
80 g de **farine** semi-complète
3 c. à c. de **matcha**
1 c. à c. de **levure chimique**
30 g de **noix** concassées
30 g de **sucre brun**
1 **œuf**
4 c. à s. d'**huile d'olive**
2 c. à s. de **lait**

1. makis

Poser le nori sur une natte à sushis et étaler une couche de riz sur la moitié de la feuille sur une épaisseur de ½ cm. Répartir la moitié des autres ingrédients. Fermer le rouleau. Couper en 6 tranches. Déguster les makis avec un peu de sauce soja, une pointe de wasabi et du gingembre mariné.

2. sushis

Couper la feuille de nori en 4 bandes. Réaliser 8 boulettes de riz. Garnir de poisson ou d'omelette japonaise. Pour le sushi aux œufs de saumon, entourer la boulette de riz d'une bande de nori et garnir d'œufs de saumon et de ciboulette. Déguster les sushis avec un peu de sauce soja, une pointe de wasabi et du gingembre mariné.

3. cake au matcha

Préchauffer le four à 190 °C. Séparer le jaune d'œuf du blanc. Blanchir le jaune d'œuf et le sucre. Rajouter l'huile et le lait. Dans un autre bol, tamiser la farine, le matcha et la levure. Bien mélanger. Combiner les 2 bols. Monter le blanc en neige en ajoutant une pincée de sel. Le rajouter délicatement au mélange. Incorporer les noix. Transvaser dans 12 petits moules siliconés. Faire cuire 10 à 12 minutes à 190 °C.

bento soba

Pour **2 bentos**

Soba froide
200 g de **nouilles** soba
½ **avocat** en fines lamelles
1 tranche de **jambon** émincée
2 **crêpes d'œuf** (page 30)
1 **chou rouge germé**
½ feuille de **nori** ciselée
huile de sésame
vinaigre balsamique
sauce soja

Salade de jeunes pousses
1 poignée de **jeunes pousses**
2 c. à s. d'**alfalfa**
½ c. à s. d'**huile de sésame**
1 filet de **jus de citron**
fleur de sel, **poivre**

« Sorbet » clémentine
le **jus** de 3 **clémentines**
½ c. à c. d'**agar-agar**

Makis de crêpes d'œuf
12 portions de **riz vinaigré** (page 26)
4 **crêpes d'œufs** (page 30)
concombre en bâtonnets
chou rouge germé
1 poignée de **roquette**
graines de courge
4 c. à s. d'**huile d'olive**
de **vinaigre balsamique**
sel, poivre du moulin

1. soba froide

Cuire les nouilles soba selon les indications du paquet dans un grand volume d'eau bouillante. Égoutter, rincer à l'eau froide, égoutter de nouveau. Disposer les nouilles au fond du bento et répartir les autres ingrédients. Mélanger 2 cuillères à soupe d'huile de sésame, 2 cuillères à soupe de vinaigre balsamique et 2 cuillères à soupe de sauce soja. Mettre dans une petite bouteille. Au moment de déguster, verser l'assaisonnement.

2. salade de jeunes pousses

Mélanger tous les ingrédients. Saler et poivrer.

3. « sorbet » à la clémentine

Porter le jus des clémentines à ébullition avec l'agar-agar. Maintenir l'ébullition pendant 1 minute, en remuant sans cesse. Verser dans un bol et laisser refroidir à température ambiante. Former des boules de « sorbet ».

4. maki à la crêpe d'œuf

Mixer la roquette, l'huile d'olive, 1 cuillère à soupe de vinaigre balsamique, du sel et du poivre. Étaler du riz sur une moitié de la crêpe d'œuf puis étaler 1 cuillère à soupe de pesto de roquette. Déposer ensuite du chou rouge germé et 2 bâtonnets de concombre. Rouler les crêpes afin de former un gros cigare. Couper en 3 ou en 4 rondelles.

bento poisson

Pour **2 bentos**

Papillote
½ **carotte** coupée en bâtonnets
6 **mini asperges vertes**, coupées en deux
1 **pavé de saumon** coupé en morceaux
½ bouquet de **brocoli**
4 c. à s. de billes de **légumes** (navet, carotte, courgette…)
1 gousse d'**ail** épluchée et dégermée
le **jus** de ½ **citron vert**
1 filet d'**huile d'olive**
fleur de sel, **poivre**

Salade de maïs
4 **tomates cerises** coupées en deux
1 poignée de **mâche**
2 c. à s. de **grains de maïs** cuits
2 brins de **coriandre** ciselés
½ c. à s. de **citron**
1 c. à s. d'**huile d'olive**
sel, **poivre**

Radis-poulpe
2 **radis**
feuille de nori

1. papillote

Mettre tous les ingrédients dans une papillote (papier sulfurisé fermé en bonbon avec une ficelle ou papier d'aluminium). Enfourner 10 minutes à 190 °C.

2. salade de maïs

Mélanger tous les ingrédients.

3. radis-poulpe

Tailler la base du radis en croix avec un couteau en remontant jusqu'aux 2/3 de la hauteur. Répéter la manipulation afin d'obtenir de fines tentacules. Décorer de deux ronds découpés dans une feuille de nori pour créer les yeux.

4. riz en forme de poisson

(voir recette page 26 : un, assaisonné de paillettes d'algue, l'autre de paprika)

5. framboises et quartiers d'orange sanguine

kaiseki (1)

Pour **2 bentos**

Jeunes légumes mijotés
4 **navets nouveaux** pelés et coupés en quatre
4 **carottes nouvelles** pelées et coupées en deux
8 **pois mange-tout**
15 cl de **bouillon dashi** (page 32)
2 **shiitakés** séchés, réhydratés et coupés en deux
4 c. à s. de **sauce soja**
2 c. à s. de **saké**

Concombre au miso
1 **concombre** coupé en lamelles épaisses
1 c. à s. de **miso**
1 c. à s. de **noix** décortiquées
1 c. à s. de **mirin**

Omelette au crabe
5 cl de **bouillon dashi** (page 32)
2 **œufs**
1 c. à s. de **mirin**
1 c. à s. de **sauce soja**
2 petits morceaux de **chair de crabe**
un peu d'**huile**

1. jeunes légumes mijotés

Mettre tous les ingrédients dans une casserole sur feu doux. Laisser mijoter 20 minutes.

2. concombre au miso

Écraser le miso, le mirin et les noix dans un mortier (ou au mixeur) afin d'obtenir une pâte. Répartir sur les lamelles de concombre.

3. omelette japonaise au crabe

Dans un bol, mélanger les œufs dans le bouillon dashi, la sauce soja et le mirin. Chauffer un filet d'huile dans une petite poêle et verser une petite quantité de mélange d'œufs de façon à former une crêpe. Quand la crêpe commence à prendre, ajouter le crabe et suivre le déroulé de la recette page 30.

おてもと

kaiseki (2)

Pour **2 bentos**

Tofu zeste de citron
80 g de **tofu soyeux**, égoutté et coupé en quatre
le **zeste** de ½ **citron vert**
1 filet de **sauce soja**

Sashimi de dorade
1 filet de **dorade** (extrêmement frais)
4 feuilles de **shiso**
1 pincée de **piment d'Espelette**

Yokan matcha & marron glacé
20 cl d'**eau**
1 c. à c. rase de **thé vert matcha**
1 c. à c. rase de **agar-agar**
4 **marrons glacés**

1. tofu zeste de citron

Arroser le tofu d'un filet de sauce soja et décorer de zeste de citron.

2. sashimi de dorade

Couper le filet de dorade en tranches de ½ cm d'épaisseur environ. Disposer dans le bento sur une feuille de shiso, saupoudrer de piment d'Espelette. Déguster avec du soja, et éventuellement une pointe de wasabi et du gingembre vinaigré.

3. yokan matcha & marron glacé

Dans une casserole, mélanger l'eau, le matcha et l'agar-agar. Porter à ébullition et laisser bouillir 1 minute, en fouettant sans cesse. Dans quatre petits moules, placer les marrons au centre et verser le mélange. Laisser refroidir jusqu'à la prise. Couper en tranches pour dévoiler le marron glacé.

4. riz cuit à la paillette d'algues

(voir recette page 146)

desserts

panna cotta à la vanille & kaki

Pour **8 personnes**
Préparation **10 minutes**
Repos **1 heure**
Cuisson **5 minutes**

2 **kakis**
30 cl de **lait de riz**
20 cl de **crème liquide**
2 c. à s. de **sucre**
1 **gousse de vanille**
2 g (1 c. à c.) d'**agar-agar**

Dans une casserole, mettre la gousse de vanille fendue, le lait de riz et le sucre. Porter à ébullition en mélangeant doucement pour faire fondre le sucre, puis le retirer du feu. Laisser refroidir pour bien faire infuser les arômes de la vanille. Retirer ensuite la gousse en grattant la vanille pour garder le maximum de graines dans la casserole.

Dans un petit bol, délayer l'agar-agar dans une petite quantité de lait de riz, puis le verser dans la casserole. Mélanger et remettre sur feu moyen. Porter à ébullition et laisser bouillir 1 minute. Répartir dans des moules. Laisser refroidir jusqu'à ce que la crème prenne (c'est plus rapide au réfrigérateur !).

Peler les kakis, les dénoyauter et les passer au mixeur pour obtenir une compote, verser dans des assiettes creuses, puis démouler dessus la panna cotta à la vanille.

verrine poire sésame

Pour **4 verrines**
Préparation **15 minutes**
Repos **1 heure 30**
Cuisson **5 minutes**

2 **poires**
30 g de **sésame noir** grillé
5 c. à s. de **sucre**
20 cl de **lait**
10 cl de **crème liquide**
1 pot (environ 100 g) de **yaourt**
2 g (1 c. à c.) d'**agar-agar**
1 c. à s. de **lait de soja**

Écraser le sésame dans 1 cuillère à soupe de lait de soja dans un mortier.

Dans une casserole, mettre la moitié du lait, 3 cuillères à soupe de sucre et la moitié de la poudre d'agar-agar. Porter à ébullition, laisser bouillir 1 minute et retirer du feu.

Mixer ce mélange avec le sésame et le yaourt. Verser au fond de 4 verres. Mettre au réfrigérateur 30 minutes environ pour que le mélange prenne.

Pendant ce temps, porter à ébullition le reste de lait, de sucre et d'agar-agar, laisser bouillir 1 minute, retirer du feu et passer au mixeur avec les poires et la crème. Quand le mélange au sésame commence à prendre, verser dessus le mélange aux poires. Remettre au réfrigérateur au moins 1 heure.

Note : le sésame noir, au goût plus corsé que le sésame blanc, est très utilisé au Japon pour la fabrication des desserts. Les graines de sésame deviennent croustillantes lorsqu'on les fait griller à sec dans une poêle.

cookies aux 2 sésames

Pour **12 cookies**
Préparation **10 minutes**
Cuisson **12 minutes**

150 g de **farine complète** (T110)
15 g de **graines de sésame** noir
15 g de **graines de sésame** blanc
4 c. à s. d'**huile d'olive**
5 c. à s. de **miel**
3 c. à s. d'**eau**
3 c. à s. de **pâte de sésame** (ou tahini, dans tous les magasins bio)
1 petite pincée de **sel**

Préchauffer le four à 190 °C. Mélanger la farine, les graines de sésame et le sel dans un premier bol. Dans un second bol, diluer tout d'abord le miel dans l'eau, puis ajouter la pâte de sésame et l'huile d'olive afin d'obtenir un mélange homogène.

Mixer les ingrédients des deux bols. Former à peu près 12 boulettes qu'on aplatira à la fourchette sur du papier sulfurisé. Cuire 12 minutes au four.

macarons nippons

Pour **15 à 20 macarons**
Préparation **10 minutes**
Repos **1 heure**
Cuisson **1 à 2 minutes**

Au thé vert
15 cl de **lait de riz**
1 g (½ c. à c.) d'**agar-agar**
1 ½ c. à c. de **matcha**
2 c. à s. de **purée d'amande**
2 c. à s. de **sucre brun**

À l'amande
15 cl de **lait d'amande**
1 g (½ c. à c.) d'**agar-agar**
2 c. à s. de **purée d'amande**
2 c. à s. de **sucre brun**

Au kaki
5 cl de **lait de riz**
1 g (½ c. à c.) d'**agar-agar**
½ **kaki**
2 c. à s. de **purée d'amande**
1 c. à s. de **sucre brun**

À la framboise
10 cl de **lait d'amande**
1 g (½ c. à c.) d'**agar-agar**
100 g de **framboises**
2 c. à s. de **purée d'amande**
1 c. à s. de **sucre brun**

Au chocolat
15 cl de **lait d'amande**
1 g (½ c. à c.) d'**agar-agar**
2 c. à s. de **purée d'amande**
25 g de **chocolat noir**
½ c. à s. de **sucre brun**

Étape commune : dans une casserole, faire chauffer le lait, l'agar-agar et le sucre. Faire frémir environ 30 secondes à partir de l'ébullition, en remuant. Retirer du feu. Ajouter les autres ingrédients, puis passer au mixeur pour donner un peu d'onctuosité. Répartir dans des bacs à glaçons, faire refroidir à température ambiante puis mettre au frais le temps de la prise (en général 1 heure).

Pour le chocolat : quand on retire la casserole de lait du feu, mettre les carrés de chocolat concassés, couvrir la casserole et laisser fondre environ 5 minutes avant d'ajouter la purée d'amande et de passer le mélange au mixeur.

fondant matcha & chocolat

Pour **6 fondants**
Préparation **10 minutes**
Cuisson **8 minutes**

25 g de **farine** (T60)
10 g de **matcha**
125 g de **beurre**
50 g de **noisettes** en poudre
40 g de **sucre brun** non raffiné
2 **œufs**
1 pincée de **sel**
12 carrés de **chocolat noir**

Préchauffer le four à 180 °C. Dans un bol, tamiser la farine, le matcha et le sel. Faire fondre le beurre. Dans un second bol, battre les œufs et le sucre au fouet. Ajouter le beurre fondu, la poudre de noisettes et la farine au matcha.

Beurrer et fariner 6 petits moules à cake (inutile si l'on utilise des moules en silicone) et verser la moitié du mélange au matcha. Bien mélanger. Placer 2 carrés de chocolat dans chaque moule et recouvrir du reste de la préparation. Cuire au four pendant 7 à 8 minutes. Servir tiède pour que le cœur soit coulant.

tartelettes aux framboises et sésame

Pour **8 tartelettes**
Préparation **15 minutes**
Repos **10 minutes**
Cuisson **10 minutes**

Pâte
120 g de **farine** semi-complète
4 c. à s. d'**huile d'olive**
3 c. à s. d'**eau**
35 g de **sucre roux**
10 g de **graines de sésame**
1 pincée de **sel**

Crème
250 g de **brousse** (ou chèvre frais)
5 c. à s. de **miel liquide**
4 c. à s. de **lait**

Garniture
300 g de **framboises**

Dans une jatte, mixer les ingrédients secs de la pâte (farine, sucre, sésame et sel). Ajouter l'huile, malaxer à la main, puis ajouter l'eau petit à petit pour former une belle boule homogène.

Préchauffer le four à 190 °C.

Abaisser la pâte (entre deux feuilles de papier sulfurisé pour faciliter l'étalage). Découper des cercles de la taille des moules à tartelette. Piquer la pâte à la fourchette, la mettre dans les moules et laisser reposer 10 minutes au réfrigérateur.

Enfourner la pâte à blanc pour 10 minutes. Sortir du four et laisser refroidir avant de démouler.

Mixer les ingrédients de la crème.

Lorsque les tartelettes sont froides, étaler la crème par-dessus, puis disposer les framboises.

tartelettes yuzu & choco

Pour **12 tartelettes**
Préparation **20 minutes**
Repos **1 heure**
Cuisson **25 minutes**

Pâte sablée aux amandes
150 g de **farine**
35 g de **purée d'amande**
15 g de **sucre**
1 pincée de **sel**
5 c. à s. d'**huile d'olive**
2 à 3 c. à s. d'**eau**
1 **jaune d'œuf**

Crème au yuzu
5 cl de **jus** de **yuzu**
le **jus** et le zeste de 1 **citron bio**
80 g de **sucre**
2 **œufs**
1 c. à s. de **Maïzena**
3 carrés de **chocolat noir**

La pâte sablée : dans un bol, tamiser la farine, le sel et le sucre. Dans un second bol, battre le jaune d'œuf avec l'huile d'olive et la purée d'amande. Verser le mélange de farine. Mélanger pour former une pâte, puis mettre au frais au moins ½ heure.

Étaler ensuite la pâte, couper des cercles de la taille des moules à tartelette, les mettre dans leur moule et cuire au four à 180 °C pendant environ 15 minutes.

La crème au yuzu : presser le citron et mettre le jus avec le zeste dans une casserole. Verser le sucre, le jus de yuzu et la Maïzena. Remuer et commencer à faire chauffer à feu doux. Battre les œufs dans un récipient séparé et les ajouter dans la casserole. Cuire à feu moyen en fouettant sans cesse.

Lorsque le mélange commence à épaissir, retirer du feu et verser sur les fonds de tarte cuits. Laisser refroidir 30 minutes au réfrigérateur. Décorer les tartelettes de copeaux de chocolat qu'on peut très facilement réaliser avec un couteau économe.

Note : le yuzu est un agrume japonais qui a une saveur unique et un parfum délicat. Très riche en vitamine C, son goût se situe entre le citron vert et la mandarine, et son plus proche cousin est le cédrat (cultivé en Méditerranée). Au Japon, le yuzu n'est pas simplement utilisé en cuisine mais également pour parfumer son bain, en cosmétique ou encore en encens. Procurez-vous son jus dans les épiceries japonaises et vous en deviendrez accro.

tarte aux poires et thé vert

Pour **6 personnes**
Préparation **20 minutes**
Repos **10 minutes**
Cuisson **40 minutes**

Pâte
150 g de **farine complète**
15 g de **sucre brun**
40 g d'un mélange de **poudres de noix** et d'**amandes**
1 pincée de **sel**
5 c. à s. d'**huile d'olive**

Compotée de poires
4 **poires**, pelées et coupées en cubes
30 g de **beurre**
20 g de **sucre brun**
1 c. à s. de **cognac** (facultatif)

Garniture
2 **poires**, coupées en très fines lamelles
20 g d'un mélange de **poudres de noix** et d'**amandes**
5 g de **thé vert**

Dans un récipient, mélanger la farine, le sucre, les noix et les amandes en poudre et le sel. Ajouter l'huile, malaxer à la main et ajouter 2 à 3 cuillères à soupe d'eau.

Étaler la pâte obtenue entre deux papiers sulfurisés. Retirer le papier qui recouvre la pâte, piquer à la fourchette et mettre dans un plat à tarte. Laisser reposer 10 minutes au réfrigérateur. Préchauffer le four à 190 °C. Enfourner la pâte à blanc pendant 8 minutes.

Dans une poêle, faire cuire 5 minutes les cubes de poire avec le beurre. Ajouter le sucre et laisser encore cuire 3 minutes, puis déglacer au cognac. Disposer les cubes de poire sur la pâte précuite. Déposer par-dessus les lamelles de poire en rosace. Saupoudrer de poudre de noix et d'amandes. Enfourner pour 25 minutes. À la sortie du four, saupoudrer de thé vert.

Note : la médecine chinoise reconnaît depuis très longtemps les vertus du thé vert qui, en Chine comme au Japon, se boit tout au long de la journée. C'est un des ingrédients les plus antioxydants que l'on connaisse. Il purifie, nettoie et fortifie l'organisme. Le thé vert, et plus particulièrement le thé vert japonais, a également été reconnu comme un aliment utile pour la prévention des cancers.

cheesecake au tofu

Pour **8 personnes**
Préparation **15 minutes**
Repos **10 minutes + 1 heure**
Cuisson **40 minutes**

Pâte

170 g de **farine semi-complète** (T80)
25 g de **sucre brun** non raffiné
50 g d'un mélange de **poudres de noix** et d'**amandes**
1 pincée de **sel**
7 c. à s. d'**huile d'olive**
2 c. à s. d'**eau**

Crème

300 g de **tofu soyeux** égoutté (page 36)
150 g de **ricotta**
2 c. à s. de **crème de noix de cajou** (facultatif)
100 g de **sucre brun** non raffiné
2 **œufs**
le **jus** et le **zeste** de 2 **citrons bio**

Préchauffer le four à 170 °C.

Mélanger les ingrédients secs de la pâte. Ajouter l'huile, malaxer à la main et ajouter l'eau, petit à petit. Étaler la pâte entre deux papiers sulfurisés et la mettre dans un plat à tarte. Retirer le papier recouvrant la pâte et mettre 10 minutes au réfrigérateur, puis la précuire au four 10 minutes.

Mixer les ingrédients de la crème, sauf le zeste des citrons. Étaler la crème sur la pâte et faire cuire 30 minutes. Laisser refroidir 1 heure au réfrigérateur, décorer de zestes de citron râpé. Servir très frais.

matcha ice

Pour **4 personnes**
Préparation **10 minutes**

4 boules de **glace à la vanille**
4 c. à c. de **matcha**
20 cl d'**eau**

Préparer le matcha : dans un bol, mettre la poudre de matcha et verser l'eau frémissante. Bien fouetter pour obtenir un mélange mousseux.

Répartir les boules de glace dans des bols. Verser le matcha sur les boules de glace. Déguster aussitôt.

Note : le matcha est la poudre de thé vert utilisée lors de la cérémonie du thé. Avant la récolte de la plante, le thé est couvert pour le protéger de la lumière directe du soleil. Cela ralentit sa croissance, rend ses feuilles plus sombres et entraîne la production d'acides aminés qui adouciront le goût du thé. C'est le thé le plus bénéfique pour la santé puisque c'est la feuille réduite, et non une infusion, qui est consommée. Cet ingrédient précieux est de plus en plus utilisé pour la préparation de desserts.

annexe

table des recettes

entrées

légumes

poissons

riz, pâtes et tofu

bentos

desserts

Découvrez toute la collection :

entre amis

200 recettes autour du **barbecue**

À chacun sa petite **cocotte**

Apéro

Brunchs et petits dîners pour **toi & moi**

Cocktails glamour & chic

Cupcakes colorés à croquer

Macarons et tout petits gâteaux

Verrines

cuisine du monde

200 recettes comme à **New York**

200 bons petits plats **italiens**

Pastillas, couscous, **tajines**

Petits plats **asiatiques**

Spécial thaï

Wok le tour du monde des recettes

Sushis & Cie

tous les jours

200 recettes pour **étudiants**

200 recettes familiales **vite prêtes**

À table en moins de **20 minutes**

Chocolat

Cuisine du marché à moins de **5 euros**

Desserts trop bons

Pasta

Petits goûters avec les **marques cultes**

Cakes & Cie

Recettes pour **bébé**

Spécial **Débutants**

Tartes mini ou family

200 recettes prêtes en **10 minutes**

Tout petits gâteaux & pâtisseries

La petite cuisine du **placard**

bien-être

21 menus minceur pour **perdre du poids**

200 recettes **équilibrées** pour toute la famille

Quinoa, boulgour lentilles & Cie

Papillotes, la cuisine vapeur qui a du goût

Pâtisseries & desserts **à la stévia**

Petite bible de la cuisine **sans gluten**

Poissons & crustacés faciles

Recettes **vapeur**

Salades

Smoothies et petits jus frais & sains

Soupes pour tous les goûts

Végétarien débutant

SIMPLE
PRATIQUE
BON

POUR CHAQUE RECETTE, UNE VARIANTE EST PROPOSÉE.

MARABOUT CÔTÉ CUISINE